D1831428

लद्दाख में कोई रैंचो नहीं रहता

रामजी तिवारी

वाणी प्रकाशन

वाणी प्रकाशन
4695, 21-ए, दरियागंज, नयी दिल्ली 110 002

शाखा

अशोक राजपथ, पटना 800 004

फ़ोन : +91 11 23273167 फ़ैक्स : +91 11 23275710

www.vaniprakashan.in
vaniprakashan@gmail.com
sales@vaniprakashan.in

LADDAKH MEIN KOI RAINCHO NAHIN RAHTA
by Ramji Tiwari

ISBN : 978-93-5000-854-6
Travelogue

© 2017 रामजी तिवारी

प्रथम संस्करण

मूल्य : ₹ 325

इस पुस्तक के किसी भी अंश को किसी भी माध्यम में प्रयोग करने के लिए प्रकाशक से लिखित अनुमति लेना अनिवार्य है।

सिटी प्रेस, दिल्ली-110 095 में मुद्रित

वाणी प्रकाशन का लोगो मक़बूल फ़िदा हुसेन की कूची से

समर्पण

अम्मा और बाबूजी
को

अपनी बात

प्राथमिक से लेकर उच्च-शिक्षा की मेरी पढ़ाई बलिया जिले में हुई। अपने साथियों की देखा-देखी बाहर निकलने की हर कोशिश नाकाम रही। हालाँकि किरानी पिता के पास बनारस और इलाहाबाद भेजकर पढ़ा सकने लायक समझ भी थी और खींच-खाँचकर आर्थिक स्थिति भी, लेकिन उनके भीतर का पुत्र-मोह हमेशा उन छिटपुट प्रयासों पर बीस बैठा। इकलौते होने की कीमत इस मामले में मैंने कायदे से चुकायी। फिर जब पढ़ाई के दौरान नौकरी के लिए आवेदन आरम्भ हुआ, तो उसमें पहली मंशा यही होती थी कि कहीं भी खड़े होने की जगह मिल जाये। लेकिन उसके पीछे-पीछे यह भावना भी जरूर चिपकी रहती थी कि वह जगह कहीं आस-पास की ही हो। खुशकिस्मती कहिये कि ऐसा हो भी गया। और यदि कभी बाहर जाने की शर्त के साथ इससे बेहतर अवसर हाथ लगा, तब मेरी तत्कालीन समझ ने उसे एकबारगी में ही ठुकरा दिया।

पढ़ाई के दौरान ही नौकरी पा जाने के कारण गाँव में मैं एक उदाहरण भी था, और यहीं पर रह-बस जाने के लिए माकूल अभ्यर्थी भी। लेकिन नौकरी में जाने के बाद अपने सहकर्मी साथियों को देखकर यह ज्ञात हुआ कि आदमी को असन्तुष्ट मनुष्य होना चाहिए न कि मेरे जैसा एक सन्तुष्ट सूकर (सुकरात)। वे साथी जिस पृष्ठभूमि से पढ़कर इस नौकरी में आये थे उसमें उनके लिए यहाँ पर काम करना महज कुछ दिनों का टाइम-पास था। उनके लिए नौकरी मिल जाने का मतलब पढ़ाई खत्म हो जाना नहीं था, और न ही इसका अर्थ अन्य बेहतर सेवा के प्रयास की समाप्ति से था। तो क्या नौकरी मिलने के बाद भी पढ़ा जा सकता है...? हाँ...उन लोगों से मैंने यही सीखा। और फिर एक बार जब यह सीख लिया तो पढ़ना भी आरम्भ कर दिया। वह प्रयास मुझे 'संघ लोक सेवा आयोग' के दरवाजे तक ले गया। हालाँकि 'आयोग' ने अपनी प्रतिष्ठा बरकरार रखी। और मेरे जैसे 'अभी सोकर उठे हुए अभ्यर्थी' के साथ जो सलूक किया जाना चाहिए था, उसने वही किया। यह अलग बात थी कि मुख्य परीक्षा के परिणाम से पता चला कि मेरी उँगलियाँ धौलपुर-हाउस की दहलीज को बस चूमते-चूमते रह गयी थीं।

लगभग सात-आठ वर्ष के 'प्रतियोगी जीवन' के बाद सन् 2002 में मैंने इन

परीक्षाओं को अलविदा कह दिया। जब उत्तर-प्रदेश लोक सेवा आयोग ने वर्ष 2001 की परीक्षा का अन्तिम परिणाम घोषित किया था और मैं उसके साक्षात्कार का दरवाजा नहीं लाँघ सका था। लेकिन खुशी की बात यह थी कि मेरे भीतर पढ़ने की संस्कृति विकसित हो चुकी थी। और उससे भी बढ़कर यह कि वह संस्कृति मुझे साहित्य-अध्ययन की तरफ ले जा रही थी। इस साहित्य ने 'पठन-पाठन' को तो जीवन का हिस्सा बना ही दिया इसने प्रतियोगी परीक्षाओं की असफलताओं को पीछे छोड़कर आगे बढ़ने की प्रेरणा भी प्रदान की। लोग-बाग इसे मेरी नाकामी छिपाने की कोशिश भी समझ सकते हैं। लेकिन आज फुर्सत में बैठकर तुलना करने पर पाता हूँ कि उन प्रतियोगी परीक्षाओं में असफल होकर मैंने दो-चार बड़े शहरों में दो-चार बड़े प्लॉटों और मकानों के अलावा कुछ खास मिस नहीं किया है। इसके बरक्स साहित्य से जुड़कर मैंने आदमी बने रहने की जो प्रेरणा पायी है वह इस जीवन और इस दौर के हिसाब से कोई छोटी-मोटी उपलब्धि नहीं है।

तो इसी साहित्य ने यह प्रेरणा भी दी, कि हमें अपनी सीमाओं में इस दुनिया को भी देखना/समझना चाहिए। वर्ष 2002 में पहली बार हम अपने दड़बे से बाहर निकले। और यह बताते हुए थोड़ा गर्व का अनुभव हो रहा है कि तब से लेकर अब तक, हमारा यह सफर तमाम झंझावातों और दुश्वारियों के बीच से प्रति-वर्ष जारी है। गाँव में बूढ़े माँ-बाप की जिम्मेदारियों को निभाते हुए भी ये यात्राएँ इसलिए सम्भव हो सकी हैं, क्योंकि इनके पीछे मन में लगा हुआ एक बड़ा ड्राइविंग फोर्स काम कर रहा है। यात्राएँ हमारे जीवन का अनिवार्य हिस्सा बन गयी हैं, जिसके लिए वर्ष भर आर्थिक प्रावधान की जुगत चलती रहती है। एक निम्न-मध्यवर्गीय परिवार से आने के कारण ऐसा करना आवश्यक भी है। यह अनायास नहीं है कि हमने अपनी अधिकांश यात्राएँ भारतीय पर्यटन कैलेण्डर के हिसाब से 'आफ-सीजन' में की हैं। दुर्गा पूजा और काली पूजा के बीच, जब मितव्ययिता के लिए कुख्यात बंगाली-जन पूरे देश में घूमने निकलते हैं और 'आफ-सीजन' में मोलभाव को घुसाकर पर्यटन के खर्च को जमीन पर ला पटकते हैं।

वर्ष 2009 में थाईलैंड के भ्रमण से पहले तक की यात्राएँ मेरे भीतर ही जज्ब होती रही थीं। लेकिन पहली बार उस यात्रा ने मुझे कलम उठाने के लिए प्रेरित किया। अपने अनुभवों को साझा करने के लिए उत्साहित किया। हालाँकि मैं यह जानता था कि मैं कोई राहुल सांकृत्यायन जैसा घुमक्कड़ नहीं हूँ। न ही मेरे पास अज्ञेय और निर्मल वर्मा जैसी कलात्मक सलाहियत है। मेरी यात्राएँ अनिल यादव की तरह यायावरी जीवन को कुर्बान भी नहीं हैं। और न ही मेरे पास असग़र वजाहत, ओम थानवी या पुरुषोत्तम अग्रवाल जैसे दुनिया-भ्रमण की स्थिति है। जानता तो मैं यह भी था कि बारह-पन्द्रह दिनों की यात्रा में न तो किसी समाज को समझा जा सकता है और न ही वहाँ की कला और संस्कृति को। फिर मेरे पास सांस्कृतिक

इतिहास और मानव-विज्ञान को समझने की भारी-भरकम सलाहियत भी नहीं।

तो ऐसे में मेरा लिखा हुआ किसी काम का होगा या कि साहित्यिक कूड़ेदान को महज और बढ़ाने वाला ही साबित होगा। इस 'मिलियन-डालर' सवाल के बरअक्स मेरे पास कोई माकूल जवाब नहीं था। सिवाय उस मन के, जो मुझे लिखने के लिए प्रेरित कर रहा था। जो कहता था कि अपने सीमित दायरे को ही सही, लेकिन मुझे व्यक्त जरूर करना चाहिए। मुझे उसे साझा अवश्य करना चाहिए। और उसी मन ने ऊहापोह के बीच मुझसे थाईलैंड की यात्रा को दर्ज करा लिया। फिर संकोच और डर के बीच मैंने उस संस्मरण को कुछ पत्रिकाओं में भेजा। मगर अफसोस...कि आधे दर्जन पत्रिकाओं से धक्के खाता हुआ मेरा वह प्रयास विफल ही रहा। लगभग दो वर्ष इन्तजार के बाद मेरे द्वारा फोन किये जाने पर एक सम्पादक ने इतना जरूर कहा था, कि यात्रा-संस्मरण किसी प्रतिष्ठित लेखक को लिखना चाहिए। आप जैसे किसी नवोदित को नहीं। मतलब कण्टेंट पर उन्होंने भी कोई बात नहीं की।

कि इसी बीच सोशल मीडिया ने हम जैसे दूर-दराज के लोगों के लिए भी दरवाजा खोल दिया। अब लिखने के साथ-साथ छपने का विकल्प भी हमारे खाते में था। और उसी विकल्प ने उस यात्रा-संस्मरण को 'समालोचन ब्लॉग पर जगह दिला दी'। रिस्पांस बहुत अच्छा था। न सिर्फ हौसला प्रदान करने वाला वरन कहें तो अब तक मिले ठोकरों को भुला देने वाला भी। और फिर तो जैसे यह सिलसिला चल ही निकला। थाईलैंड के बाद लद्दाख, अण्डमान और केरल की यात्राएँ भी दर्ज हुईं। ये सभी यात्राएँ ब्लॉगों पर छपीं और पत्रिकाओं में भी। और फिर सामाजिक जिम्मेदारी को समर्पित लेखन ने मुझसे अपने पड़ोसी गाँवों की त्रासदी को भी दर्ज करा ही लिया।

तो आज यह किताब आप सबके सामने है। और जैसा कि हमेशा से होता रहा है कि इसको लिखने का श्रेय भी लेखक के खाते में ही जायेगा। लेकिन मैं यहाँ उन तमाम गुमनाम लोगों के प्रति कृतज्ञता ज्ञापित करना चाहूँगा, जिन्होंने परदे के पीछे रहते हुए मुझे यह 'नायकत्व' दिया। और विशेष आभार अपने बेटे रूपल और अर्धांगिनी रीना का, जो इन यात्राओं में सहयात्री भी थे और सहयोगी भी। और फिर इन्हीं दोनों ने ही सारे बाहरी झंझावातों को अपने ऊपर सहते हुए मुझे वह एकान्त भी उपलब्ध कराया, जिसमें इन यात्राओं को दर्ज कर पाना सम्भव हुआ।

मैं जानता हूँ कि ये कोई महान यात्राएँ नहीं हैं। लेकिन ये छोटे-मोटे प्रयास उस नींव की ईंटें जरूर हैं जिनके ऊपर महान यात्राओं की इमारत खड़ी हो सकती है। जिनके भीतर से बड़े प्रयास आकार ले सकते हैं।

बस एक अन्तिम बात को कहकर अब मैं अपने को, आपके और किताब के मध्य से हटाना चाहता हूँ कि 'यह पुस्तक' इस विशाल 'ज्ञान-राशि' का मेरा हिस्सा

है। और उसी अनुपात में इसकी सामर्थ्य और सीमा भी। अब यह आपका दायित्व है कि मेरे अदने से प्रयास में अपनी भागीदारी को जोड़कर उसे बड़ा बनायें।

मेरी त्रुटियों को न सिर्फ जाँचें, वरन उसमें आवश्यक सुधार भी करें। इसी आशा और विश्वास के साथ आप सुधी पाठकों के हाथों में इस पुस्तक को सौंपकर मैं निश्चिन्तता का अनुभव करना चाहता हूँ...

रामजी तिवारी

बलिया, 20.09.2015

अनुक्रम

तो अण्डमान आखिर किसका देश है?

बचपन की स्मृतियों में अण्डमान और लक्ष्यद्वीप की छवि भूगोल की पुस्तकों से उभरती है। भारत की मुख्यभूमि से अलग दक्षिण पूर्व में स्थित अण्डमान और दक्षिण पश्चिम में स्थित लक्ष्यद्वीप को हम बड़े ही कौतुक भाव से देखा करते थे। समुद्र की इस विशाल जलराशि के बीच इन द्वीपों पर लोग-बाग कैसे रहते होंगे, और मुख्यभूमि से इतनी अधिक दूरी होने के बावजूद भारत इन पर कैसे अपनी शासन-व्यवस्था संचालित करता होगा, हमें विशेष रूप से मथता था। और फिर माध्यमिक कक्षाओं में जब इतिहास की पुस्तकों से सामना हुआ तो यह कौतूहल कम होने के बजाय और बढ़ता गया। अण्डमान के साथ अब 'काला-पानी' की कहानी भी हमारे जेहन में दर्ज होने लगी थी। सोचकर ही मन सिहर उठता था कि किसी भी व्यक्ति को इतनी दूर एकान्त और निर्जन में उठाकर पटक दिया जाये, तो उस पर क्या बीतती होगी। वह तो बिना सजा के ही टूट जाता होगा...मर-खप जाता होगा। तब के हमारे शिक्षकों के पास पाठ्य-पुस्तकीय जानकारियों के अलावा कोई सीधा या प्रत्यक्ष अनुभव भी नहीं होता था जो हमारी अनगिनत जिज्ञासाओं का समाधान कर पाते। हम बड़े होते रहे, और जैसा कि भारत में लद्दाख, पूर्वोत्तर, अण्डमान और लक्ष्यद्वीप के बारे में सामान्यतया लोगों को होता रहा है, हम भी इसे देश के हिस्से से बाहर का मानकर भूलते से रहे।

लगभग डेढ़ दशक पहले देशाटन की इच्छा ने हमारे पैरों में चक्कर बाँध दिया। मन में जिस पहली इच्छा ने कुलाँचे मारने के लिए सिर उठाया था, उसका रुख लद्दाख और अण्डमान की तरफ था। आज इन बातों को शेयर करते हुए अत्यन्त गर्व होता है कि जीने के लिए भले ही हमने गाँव की सीमाओं को नहीं लाँघा है, लेकिन देखने के हिसाब से हमने लद्दाख से लेकर अण्डमान तक की दो-चार साँसें अपने दिल में डाल ली हैं। दोनों जगहों की यात्रा में हवाई मार्ग कॉमन है। और दूसरे रास्ते के रूप में लद्दाख पहुँचने के लिए, जहाँ हम सड़क मार्ग को चुनते हैं, वहीं अण्डमान की यात्रा के लिए अपनाया जाने वाला दूसरा मार्ग जल-मार्ग है। इसकी राजधानी पोर्टब्लेयर ऐसी भौगोलिक रेखा पर स्थित है जहाँ से कोलकाता और चेन्नई की दूरी लगभग एक समान, 1200 किलोमीटर के आस-पास है। यहाँ पहुँचने के लिए उत्तर-भारतीय लोग कोलकाता का चुनाव करते हैं, और दक्षिण भारतीय लोग चेन्नई

का। दोनों शहरों से की जानी वाली हवाई यात्रा दो घण्टे में पोर्टब्लेयर पहुँचा देती है, जबकि पानी के जहाज से सामान्यतया तीन दिन का समय लगता है।

पोर्टब्लेयर जाने के लिए विमान जैसे ही 'उड़ान भरता' है, वह हिन्द-महासागर की उस विशाल जलराशि के ऊपर कलाबाजियाँ दिखाने लगता है, जो आसमान की तरह अथाह और अनन्त दिखाई देता है। दो घण्टे बाद, जब वह नीचे उतरने की शुरुआत करता है, और दूर-दूर तक कहीं किसी जमीन के टुकड़े की आहट नहीं मिलती, तब तमाम जानकारियों को पढ़कर जाने के बाद भी मन में वही अकुलाहट उभरने लगती है, जो 'लेह हवाई अड्डे' पर विमान के उतरते समय होती है। जैसे कि इतने विशाल पहाड़ों के बीच इतनी समतल जमीन कहाँ से आयेगी कि कोई विमान उस पर उतर सके। वैसे ही इतने विशाल महासागर के बीच जमीन का वह टुकड़ा कहाँ से आएगा कि जिस पर विमान उतर सके। विमान थोड़ा और नीचे आता है, और तब उस नीले समुद्र के बीच से असंख्य हरे टुकड़े उभरने शुरू हो जाते हैं। जैसे कि समुद्र के नीले खेत में किसी ने इन हरी फसलों के बीज डाल दिये हों, और अब ये पौधों के रूप में अंकुरित हो गये हों। कहीं-कहीं लगता है कि बीज डालने वाले ने बेहद उदारता दिखाई है तो कहीं-कहीं अतिशय कंजूसी। विमान थोड़ा और नीचे

——आसमान से अण्डमान——

आता है। और तब लगता है कि इन पौधों की माँ भी वही है, जो हम सबकी है। यात्रियों को तसल्ली होने लगती है कि इस विमान को भी गोद नसीब हो जायेगी।

पोर्टब्लेयर का 'वीर सावरकर अन्तर्राष्ट्रीय हवाई अड्डा' बेहद छोटा है। इतना कि इसको यदि आप दिल्ली, मुम्बई या कोलकाता हवाई अड्डे के बच्चे के रूप में भी चित्रित करना चाहें तो इसे अतिरंजनापूर्ण ही माना जायेगा। हवाई अड्डे के 'निकास दरवाजे' पर नामों की तख्तियाँ लिए टूर-ऑपरेटर्स की कतार खड़ी है। ऐसा लगता है, जैसे उतरने वाले प्रत्येक व्यक्ति को रिसीव करने के लिए कोई न कोई जरूर आया है।

"तो क्या हम लोगों ने टूर-आपरेटर की सेवा नहीं लेकर कोई गलती कर दी है?"

जब मैं यह सवाल उस कार वाले से करता हूँ, जो हमें एअरपोर्ट से शहर ले आ रहा है, तो वह हमें चिन्ताओं के समुन्दर में धकेल देता है। "बिना टूर-आपरेटर के आप अण्डमान में नहीं घूम सकते हैं। यहाँ पर ढेर सारे ऐसे द्वीप हैं, जहाँ पर जाने के लिए पानी की जहाजों की आवश्यकता होती है। उनमें अग्रिम-आरक्षण कराना पड़ता है जिसके लिए काउण्टर पर काफी लम्बी लाइन लगती है। तो आप घूमेंगे या आरक्षण कराते फिरेंगे। कहीं ऐसा न हो कि आपको इसी पोर्टब्लेयर से घूम फिरकर वापस लौटना पड़े।"

तो क्या अण्डमान हमारे लिए भी 'काला पानी' ही साबित होने जा रहा है...?

हमारे चेहरे पर हवाइयाँ उड़ने लगती हैं। कि इतने में वह कार वाला किसी 'टूर आपरेटर' से मिलवा देने का प्रस्ताव ठोकता है।

चेहरे की हवाइयाँ बनारस का एंटिना पकड़ लेती हैं। वहाँ आने वाले पर्यटकों को रिक्शा वाले, होटल वाले, नाव वाले और पुजारियों की फौज जिस तरह के सत्कार से नवाजती है, ऐसा लग रहा है कि यह पट्ठा भी हमारा वही सत्कार कर रहा है। कहीं ऐसा तो नहीं कि इसने भी विश्वनाथ गली और दशाश्वमेध घाट से ही 'सत्कार' का यह प्रशिक्षण लिया हो।

दिमाग में यह बात कौंधती है, कि देश में इधर प्रचलित हुए 'फेंकने के चलन' को आजमाया जा सकता है।

"यहाँ पर हमारे एक परिचित रहते हैं।"

इस एक छोटे से वाक्य में ही वह 'पट्ठा' बोल्ड हो जाता है।

"मेरे कहने का मतलब यह नहीं था कि आप यहाँ अकेले घूम ही नहीं सकते। बल्कि मैं तो यह कह रहा था कि इस तरह आपको परेशानी होगी। और चूँकि आप यहाँ आनन्द लेने के लिए आये हुए हैं, इसलिए मैं आपको सलाह दे रहा हूँ कि किसी टूर-आपरेटर को ले लेना ठीक होगा।"

'हूँ हाँ' करते हुए हम अबरदीन बाजार के गाँधी चौक पर उतर जाते हैं, और फिर अपने अनुभव के आधार पर एक ठिकाना टीप देते हैं। यह सोचते हुए कि

'फेंकना' हमेशा एक नकारात्मक क्रिया ही नहीं होती।

नहा-धोकर हम नाश्ते के लिए निकलते हैं। और इस सवाल का पीछा करने के लिए भी, कि अण्डमान में बिना 'टूर-आपरेटर' के कैसे घूमा जा सकता है। पता यह चलता है कि मुख्यभूमि से दूरी और विमान से आने की मजबूरी के कारण यहाँ घूमने में खर्चा अधिक होता है। इस कारण सामान्य पर्यटकों की संख्या काफी कम आती है। सरकारी कर्मचारी ही अधिकांशतः यहाँ आते हैं, जिनके पास सरकार की तरफ से 'यात्रा रियायत अवकाश' (एल.टी.सी.) की बैशाखी उपलब्ध होती है। 2004 की सुनामी के बाद यह बैशाखी इतनी मजबूत और अच्छी हो गयी है कि उसके सहारे सरपट दौड़ा जा सकता है। चूँकि 'टूर-आपरेटरों' को दिये गये बिल-भुगतान का सारा पैसा सरकार वहन कर देती है, इसलिए यहाँ आकर हर कोई 'पैकेज टूर' की निश्चिन्तता भोगना चाहता है। यह अनायास नहीं है कि 2005 के बाद सरकार द्वारा दी गयी इस सुविधा के कारण यहाँ पर पर्यटकों की संख्या में पाँच गुना तक की वृद्धि दर्ज की गयी है। पहले के 30 हजार प्रतिवर्ष के मुकाबले, आजकल डेढ़ लाख प्रतिवर्ष तक।

हमें तसल्ली होती है, कि अण्डमान को भी देश की तरह ही आर्थिक मितव्ययिता के साथ घूमा जा सकता है। और इस खुशी के नाम पर चाय के साथ-साथ थोड़ी निश्चिन्तता भी गटकी जा सकती है कि यहाँ पर सामान्यतया प्रचलित एक सप्ताह के 'टूर-पैकेज' के बरअक्स, हमारे पास पूरे दस दिन का समय उपलब्ध है। होटल वापस लौटते समय अण्डमान को जानने के लिए एक किताब हमारी तरफ उँगली बढ़ाती है। हम उसे लपककर पकड़ लेते हैं। और जैसा कि सामान्यतया होता है, कि ऐसी किताबों को हाथ में लेते ही नींद आने लगती है, उसके विपरीत इसको हाथ में लेते ही नींद गायब हो जाती है। बेहद सरल भाषा में लिखी हुई यह किताब अण्डमान के कुछ रास्ते तो दिखा ही देती है।

बंगाल की खाड़ी में स्थित 'अण्डमान और निकोबार' द्वीप समूह लगभग 780 किलोमीटर लम्बाई में फैला हुआ है। 572 छोटे-बड़े द्वीपों से मिलकर बने इस केन्द्रशासित प्रदेश में 2011 की जनसंख्या के आँकड़ों के अनुसार लगभग 4 लाख की आबादी निवास करती है। अधिकतर लोग दक्षिणी अण्डमान में, या कहें तो पोर्टब्लेयर के आस-पास ही रहते हैं। कुछ द्वीप तो इतने छोटे हैं कि उन्हें नजरअन्दाज भी किया जा सकता है। लेकिन ऐसे द्वीपों की संख्या भी लगभग 300 के आस-पास आँकी गयी है, जिन्हें कुल मिलाकर द्वीप कहा जा सकता है। मजे की बात यह है कि इनमें से कुल छत्तीस द्वीप ही ऐसे हैं, जहाँ पर मानव जीवन निवास करता है। 24 अण्डमान में और 12 निकोबार द्वीप समूह में। प्रशासनिक दृष्टि से पूरे अण्डमान और निकोबार द्व ीप समूह को तीन जिलों में बाँटा गया है। पहला उत्तरी और मध्य अण्डमान, जिसका मुख्यालय 'मायाबन्दर' है। दूसरा दक्षिणी अण्डमान, जिसका मुख्यालय 'पोर्टब्लेयर' है। और तीसरा निकोबार द्वीप समूह, जिसका मुख्यालय 'कार' द्वीप में है। इस द्वीप समूह

का धुर उत्तरी हिस्सा बर्मा से सिर्फ 180 किलोमीटर दक्षिण में है और सबसे दक्षिणी हिस्सा 'इन्दिरा प्वाईंट' इण्डोनेशिया से सिर्फ 150 किलोमीटर उत्तर में।

'अमेजन' के जंगलों की तरह यह द्वीप समूह भी दुनिया की साँस चलाते रहने की जिम्मेदारी निभाता है। इसका लगभग समूचा हिस्सा (लगभग 86 प्रतिशत) वनों से ढका हुआ है और वर्ष के आधे दिनों में यहाँ बारिश जरूर होती है। यहाँ का पर्यटन ले-देकर 'पोर्टब्लेयर' के आस-पास सात-आठ द्वीपों पर ही सिमटा हुआ है। कारण यह कि एक तो इस द्वीप समूह का अधिकांश हिस्सा संरक्षित क्षेत्र के अन्तर्गत आता है और दूसरे यहाँ दो द्वीपों के बीच समुन्दर हमेशा खड़ा मिलता है। पर्यटकों के लिए विशेष अनुमति की दरकार और आवागमन के साधनों की कमी समूचे 'कार-निकोबार' को उनकी पहुँच से दूर कर देती है। मतलब कहने के लिए ही हम लोग अण्डमान और निकोबार आये हुए हैं। वास्तव में हम लोग केवल दक्षिणी अण्डमान ही घूमने आये हुए हैं। अब चाहें तो इस पर आप दुखी हो सकते हैं, और चाहें तो इसका जश्न मना सकते हैं कि इतना तो बिना 'टूर-आपरेटर' के भी घूमा जा सकता है।

किताब उँगली पकड़कर हमें सेल्युलर जेल का रास्ता दिखाती है। अण्डमान की

सेल्यूलर जेल का प्रवेश-द्वार

तीर्थ-स्थल मानी जाने वाली इस जेल को 1969 में 'राष्ट्रीय स्मारक' का दर्जा दिया गया था। इतिहास की तमाम स्मृतियाँ अपनी क्रूरताओं और संघर्षों के साथ यहाँ दर्ज हैं। देश और समाज को बनाने वाली एक मुकम्मल दास्तान इसकी काल-कोठरियों में दफन है। यह किसी कल्पना लोक की गवाही नहीं है। यह तो बीती शताब्दी की जिन्दा कहानियों का कोलाज है। जेल का मुख्य द्वार उस प्रशासनिक भवन से होकर गुजरता है, जिसमें बैठकर कभी उसके भीतर की जाने वाली नृशंसताओं की पटकथा लिखी जाती थी। हमारा होटल वाला कह रहा था कि जेल में क्या देखना है। वह तो एक-आध घण्टे में ही हो जायेगा। आपको तीन-चार घण्टे पहले जाने की वहाँ कोई जरूरत नहीं है। लेकिन यहाँ आकर लगता है कि तीन-चार घण्टे का समय कुछ कम ही पड़ गया है। बस तसल्ली इस बात की है कि हम यहाँ अपनी यात्रा के पहले दिन ही आ धमके हैं। अब आने वाले दस दिनों में समय निकालकर इसे फिर से देखा जा सकता है।

यह स्थान न चाहते हुए भी हमें इतिहास में लेकर चला जाता है। सिर्फ जेल के इतिहास में ही नहीं, वरन अण्डमान के इतिहास में भी। जहाँ इन द्वीपों का जिक्र पहली शताब्दी के आस-पास बौद्ध ग्रन्थों में मिलता है। और फिर चोलों के इतिहास में भी, जिसके बारे में कहा जाता है कि वह मलेशिया तक फैला हुआ था। इनका जिक्र रोमन और अरबिक ग्रन्थों में भी आता है। और फिर यूरोपीय नाविकों के दुनिया भ्रमण के इतिहास में ये द्वीप दुनिया के नक्शे पर उभरते हैं। 1498 में वास्कोडिगामा के भारत आने से लेकर सत्रहवीं-अठारहवीं शताब्दी तक इन द्वीपों पर कई यूरोपीय शक्तियों का आगमन होता है। हालाँकि इनमें से कोई भी यूरोपीय ताकत यहाँ स्थायी रूप से बस नहीं पाती। एक तो इनकी भौगोलिक स्थिति ऐसी रहती है, और दूसरे यहाँ की जलवायु बाहरी लोगों को बसने की इजाजत नहीं देती। यहाँ रहने की सबसे जरूरी शर्त है, प्रकृति से सामंजस्य और तालमेल। वह पहले आपका परीक्षण करती है और फिर स्वीकार। जाहिर है, इसमें पीढ़ियाँ लगती हैं। ऐसा नहीं है कि आप यहाँ आये और आराम से बस गये। और फिर सामरिक दृष्टि के अलावा इन द्वीपों से बहुत कुछ मिलने की सम्भावना भी नहीं थी जिसकी तलाश में यूरोपीय निकले थे। तो इसलिए जो भी यूरोपीय शक्तियाँ यहाँ आती रहीं, वे सब के सब, 'आती के साथ जाती' भी रहीं। और जिन्होंने टिकने की धृष्टता दिखाई, उन्होंने कुछ-एक सालों के बाद महसूस किया कि उनसे गलती हो गयी है।

अठारहवीं सदी के मध्य में डेनिश लोगों ने निकोबार में बस्तियाँ बसाने की पहली कोशिश की थी, जो सफल नहीं हो सकी। फिर अठारहवीं सदी के अवसान से पहले ब्रिटिश लोगों ने भारत के साथ-साथ इस द्वीप को भी अपने निशाने पर लिया। अण्डमान में बस्ती कहाँ बसायी जाये, इसका सर्वेक्षण करने के लिए वर्ष 1788 में आर.एच. कोलब्रुक के साथ 'आर्किबाल्ड ब्लेयर' वहाँ पहुँचे। बाद में इसी

'ब्लेयर' के नाम पर अण्डमान के मुख्य नगर 'पोर्टब्लेयर' का नामकरण हुआ। हालाँकि 1857 के गदर होने तक यह द्वीप उपेक्षित ही रहा। लेकिन जब उस गदर के बाद आबाद होना शुरू हुआ, तो यह आबाद होना एक 'दण्ड भोगने' के रूप में था। औपनिवेशिक शक्तियों ने इसका इस्तेमाल एक 'दण्ड द्वीप' के रूप में किया। ऐसे नुस्खे वे इतिहास में पहले भी आजमा चुके थे। तो 1857 के गदर के बाद लगभग 500 क्रांतिकारियों को लेकर कोलकाता से पहला जहाज 10 मार्च 1858 को पोर्टब्लेयर पहुँचा। और फिर एक ऐसा सिलसिला शुरू हो गया, जो भारतीय स्वतंत्रता आन्दोलन के अन्तिम चरण तक जारी रहा। लोग आते रहे, दण्ड भोगते रहे, मरते रहे और खपते रहे। किसी को प्रकृति लील गयी तो किसी को परिस्थितियाँ। और जिसने इन दोनों को चुनौती दी, उनको हुक्मरानों की क्रूरताएँ।

—— सैल्युलर जेल का मॉडल ——

इन्हीं बन्दियों से अण्डमान की जमीन साफ करायी गयी और उन द्वीपों को नियंत्रण लायक बनाया गया। उष्ण जलवायु, नौ महीने की भीषण बारिश, घने और बियाबान जंगलों के गगनचुम्बी वृक्ष, और सूर्य का प्रकाश पाने के लिए उन पर लिपटी असंख्य बेलों-पौधों को साफ कर बस्तियाँ बसाना कितना श्रमसाध्य और

दुष्कर रहा होगा, इसकी कल्पना भी नहीं की जा सकती है। और फिर यह काम उन लोगों से कराया गया जिनके जीवन की सारी उम्मीदें इस समुन्दर के रास्ते में दफन हो गयी थीं। जिनके लिए सारे परिजन, रिश्तेदार हमेशा-हमेशा के लिए बिछड़ गये थे। यह अनायास नहीं था, कि यहाँ आने वाले कैदियों में से 20 प्रतिशत का जीवन संघर्ष प्रतिवर्ष असमय ही समाप्त हो जाता था। फिर कुछ समय बाद यहाँ महिला कैदियों को ले आने की शुरुआत हुई। ऐसा अनुमान लगाया जाता है कि 1901 के आस-पास यहाँ पर लगभग बीस हजार बन्दियों को बसा दिया गया था। उनके बीच वैवाहिक सम्बन्ध भी बनने दिये गये जिससे कि ये लोग मुख्यभूमि पर वापस लौटने का ख़याल सदा-सदा के लिए छोड़ दें। ये बन्दी सिर्फ भारत से ही नहीं आये थे, वरन बर्मा और श्रीलंका से भी उन्हें यहाँ लाया गया था।

उन्नीसवीं सदी के आते-आते ब्रिटिश शासन को यह महसूस होने लगा, कि बन्दियों को यहाँ पर ले आकर छोड़ना ही पर्याप्त नहीं है, वरन अधिक कठोर दण्ड देने के लिए या कहें तो सबक सिखाने के लिए एक स्थायी और तन्हाई वाली जेल की भी जरूरत है। 1890 में जेल का ब्लू प्रिंट तैयार हुआ, और 1896 से 1906 के मध्य यह विशालकाय जेल तैयार होकर खड़ी हो गयी, जिसे 'सेल्युलर जेल' के नाम से जाना जाता है। इस जेल को वास्तुकला के एक उत्कृष्ट नमूने के रूप में भी देखा जा सकता है जिसे बनाने के लिए अबरदीन समुद्र तल से लगभग सत्तर फीट ऊँचाई वाली किनारे की जगह को चुना गया था। कारण यह कि यहाँ से मिट्टी को निकालने और भरने की कम से कम जरूरत थी और दूसरा कि यह जगह उस किनारे पर थी, जहाँ से रास द्वीप सीधे दिखाई देता है। 696 कोठरियों वाली यह जेल सात बड़ी स्कंधों के रूप में बनाई गयी थी, जो एक सिरे पर सबसे अलग और दूर होती जाती थीं, और दूसरे सिरे पर एक केन्द्रीय मीनार से जुड़ती थी। इस केन्द्रीय मीनार के ऊपरी हिस्से से एक व्यक्ति द्वारा भी इसकी निगरानी की जा सकती थी। तीन मंजिला बनी इस जेल की सभी 696 कोठरियाँ एक दूसरे से पृथक थीं। इनका आकार 13.5 गुणा 7.5 फीट का था, जिनमें पीछे की तरफ केवल एक रोशनदान खुलता था। प्रत्येक स्कंध में एक बड़ा गलियारा इन कोठरियों को एक दूसरे के साथ जोड़ता था। लेकिन इस तरह कि कोई भी कैदी यहाँ एक-दूसरे को देख नहीं सके। मतलब हर 'सेल' यहाँ पृथक रूप से स्वतन्त्र थी और कहें तो किसी भी आदमी को तोड़ देने के लिए काफी।

काला-पानी का मतलब होता है मृत्यु का जल। काला मतलब 'काल' और पानी मतलब 'जल'। एक ऐसी सजा, जिसमें आपके जीवन की हर उम्मीद टूट जाये, उसमें जीने की हर सम्भावना छूट जाये। यदि आप विवेकशील हैं और अपने मन को थोड़ा भी इतिहास में ले जा सकने की क्षमता रखते हैं तो आपका दिल यहाँ आकर जरूर रोता है। इन बर्बरताओं के बीच भी देश के लिए, समाज के लिए और अपनी

पीढ़ियों के भविष्य के लिए संघर्ष जारी रखने वाले लोग आखिर किस मिट्टी के बने होंगे...? नहीं नहीं...ऐसे समझना मुश्किल है। आप एक बार यहाँ जरूर आइये। इन काल-कोठरियों में अपने को दस मिनट बन्द कीजिए। और महसूस कीजिए कि उन्हें कैसा लगता होगा जिनके जीवन में यहाँ से निकलने की दूर-दूर तक कोई उम्मीद नहीं बचती होगी। यहाँ हर एक बन्दी को दिन भर में 30 पौंड नारियल का तेल या फिर 10 पौंड सरसों का तेल निकालना होता था। एक सामान्य आदमी के लिए यह लगभग असम्भव था। और फिर पूरा नहीं होने पर 'दण्ड' के अनगिनत रास्तों से होकर गुजरना होता था। इस जेल में ऐसी तिरष्कृत कोठरियाँ भी थीं, जो सीधे-सीधे फाँसी घर का दर्शन कराती रहती थीं।

———सेल्युलर जेल का किनारा (पोर्टब्लेयर)———

आजकल प्रत्येक शाम इस जेल के भीतर 'लाइट एंड साउण्ड शो' का कार्यक्रम होता है। लगभग एक घण्टे के इस कार्यक्रम में ओम पुरी, मनोहर सिंह और टाम आल्टर जैसे चिर-परिचित कलाकारों की आवाज में यह जेल अपनी दास्तान बाँचती है। दास्तान उस क्रूर आयरिश जेलर 'डेविड बेरी' को भी याद करती है, जो कहता था कि दुनिया में तो सिर्फ एक ईश्वर है, लेकिन अण्डमान में दो ईश्वर हैं। एक

ऊपरवाला और दूसरा मैं। इस दास्तान में क्रूरता की अनेक कहानियाँ दर्ज हैं। सजा देने के लिए बीच की खुली जगह चुनी जाती थी, जो उस पूरे स्कन्ध के कैदियों को दिखाई दे। डर और आतंक को गहरे बैठा देने के लिए, यह तरीका भी इतिहास में आजमाया गया नुस्खा था। इसमें कई लोगों ने आत्महत्याएँ कर लीं, कई फाँसी पर चढ़ा दिये गये, कई पागल और विक्षिप्त हो गये। लेकिन इन्हीं क्रूरताओं के मध्य क्रांतिकारियों के संघर्ष और प्रतिरोध की चमकती दास्तानें भी दर्ज हैं। ऐसी दास्तानें, जिनमें अनगिनत जुल्मों को सहते हुए भी उम्मीद और संघर्ष का दामन थामे रहने का जज्बा हमेशा बना रहा।

मुख्यभूमि पर जहाँ-जहाँ से विद्रोह की आवाज तेज होती रही, 'सेल्युलर जेल' की कोठरियाँ उस जगह के क्रान्तिकारियों से भरती रही। इस भरने में व्यक्तिगत अपराध में संलग्न कैदियों की संख्या भी काफी थी। व्यवस्था चाहती थी कि यहाँ आने वाले बन्दियों के मन में ब्रिटिश शासन के प्रति समर्पण और निष्ठा का भाव उत्पन्न हो जाये। इसलिए आरम्भ में कैदियों को छः महीने तक तन्हाई वाली कोठरी में रखा जाता था। और फिर तमाम चरणों में दी जाने वाली प्रताड़ना के बाद, जब वे मानसिक रूप से टूट जाते थे, तब उन्हें धीरे-धीरे सामान्य कैदी की सुविधाएँ मिलने लगती थीं। जो कैदी मानसिक रूप से नहीं टूटते थे, वे शारीरिक रूप से टूट जाते थे और मृत्यु को प्राप्त होते थे। और जो कैदी मानसिक रूप से टूट जाते थे, उन्हें कई चरणों में अपने समर्पण और निष्ठा को प्रमाणित करने के बाद एक स्वावलम्बी कैदी का दर्जा मिलता था, जिसके अन्त में वे 'टिकट आफ लीव' के हकदार हो जाते थे। हालाँकि बाद में औपनिवेशिक व्यवस्था यह चाहने लगी कि ये कैदी सजा पूरी करने के बाद भी अण्डमान में ही रहने लगें। आरम्भ में संयुक्त प्रान्त, मध्य प्रदेश और महाराष्ट्र से कैदियों को यहाँ लाया गया, लेकिन जैसे-जैसे देश के अन्य हिस्सों में स्वतन्त्रता आन्दोलन फैलता गया, इन कोठरियों का भूगोल भी फैलता गया। बहाबी आन्दोलनकारी, कूका आन्दोलनकारी, मोपला और रम्पा विद्रोही तो यहाँ आये ही, गदर आन्दोलनकारी, मानिकतला षड्यन्त्र केस, खुलना षड्यन्त्र केस और ढाका षड्यन्त्र केस के आरोपी भी यहाँ आये।

जेल बन्दियों की आत्मकथाएँ उन नृशंसताओं को बाँचती हैं, जिन्हें आज के कथित 'सभ्य लोगों' ने रसीद किया था। 'बारीन्द्र नाथ घोष' की आत्मकथा कहती है कि नहाने के बाद कैदियों को बदलने के लिए कोई कपड़ा उपलब्ध नहीं होता था। उन्हें नंगे होकर ही कपड़ा बदलना होता था या फिर स्नान नहीं करने के विकल्प को चुनने का। 'शचीन्द्रनाथ सान्याल' ने लिखा है कि एक बन्दी उल्हास्कर को तीन दिन तक खड़ी हथकड़ी में बाँधकर रखा गया जिससे कि वे पागल हो गये। 'सावरकर' ने लिखा है कि राजनीतिक बन्दियों ने ऐसी ढेर सारी हड़तालें कीं, जिसमें उनके साथ मुख्यभूमि के कैदियों जैसा व्यवहार करने की माँग की गयी थी। 'पृथ्वी

सेल्युलर जेल का आँगन (वर्तमान में लाइट एंड साउंड शो का स्थान)

सिंह आजाद' ने भान सिंह और रामरखा बाली की शहादत को याद करते हुए जेल के जीवन पर बहुत कुछ प्रकाश डाला है।

आज इस जेल की तीन 'स्कन्धें' ही खड़ी हैं। बाकी चार ढहा दी गयी हैं। दो को जापानी सेना ने बंकर बनाने के लिए गिरा दिया था और दो को बाद में गिराकर सरकार ने उनकी जमीन पर अण्डमान का केन्द्रीय अस्पताल बना दिया।

जेल के भीतर और बाहर अनगिनत संघर्षों, स्वतन्त्रता आन्दोलन की बढ़ती हलचलों और दुनिया के स्तर पर हो रहे बदलावों का परिणाम यह था कि 1937 के आस-पास अण्डमान में राजनीतिक बन्दियों का आना रुक गया। जो पहले से बन्दी थे, उन्हें मुख्यभूमि की जेलों में स्थानान्तरित कर दिया गया। इसे आप औपनिवेशिक ताकतों के भीतर आ रहे हृदय परिवर्तन के रूप में देखने की गलती न करें, वरन सम्पूर्ण स्वतन्त्रता आन्दोलन के आधार पर ही समझने का प्रयास करें कि ऐसा परिवर्तन क्यों हो रहा था। दरअसल पूरे देश में इस तरह की परिस्थिति निर्मित होने लगी थी, कि देर-सबेर अंग्रेज यहाँ से चले जायेंगे। और कई संकेत तो अंग्रेजी हुकूमत के भीतर से आते हुए भी दिखाई देने लगे थे। इन्हीं परिस्थितियों में विश्व-युद्ध आरम्भ हुआ था और अंग्रेजी हुकूमत के लिए भारत का सहयोग लेना बेहद महत्त्वपूर्ण और आवश्यक हो गया था।

द्वितीय विश्व-युद्ध के दौरान एक समय ऐसा भी आया, जब मित्र राष्ट्रों की स्थिति बेहद खराब हो गयी। न सिर्फ यूरोप में उनके पाँव उखड़ने लगे वरन औपनिवेशिक इलाकों से भी उन्हें भागना पड़ा। जिनका सूरज कभी अस्त नहीं होता था, और

जिनका दावा था कि ईश्वर ने उन्हें उपनिवेशों में इसलिए भेजा है कि वे वहाँ की जनता को सभ्य बना सकें, जब दबाव पड़ा तो भाग खड़े हुए। लगभग पूरा यूरोप जर्मनी के साए में आ गया और पूर्वी एशिया के अधिकांश हिस्से पर जापानियों का दबदबा दिखाई देने लगा। भारत की मुख्यभूमि तो जापान के नियन्त्रण में नहीं आयी, लेकिन उनकी धमक बर्मा तक स्पष्टतया सुनाई देने लगी थी। ऐसे में अंग्रेजों को यह आभास होने लगा कि वे अण्डमान में घिर जायेंगे। वे इस 'द्वीप-समूह' को छोड़कर भाग खड़े हुए। और इस तरह बिना किसी प्रतिरोध के, 23 मार्च 1942 को इस पर जापान का कब्जा हो गया।

सेल्युलर जेल का गलियारा

समझ में नहीं आता कि, 'इतिहास अपने आपको दोहराता है' वाली कहावत क्रूरताओं पर क्यों लागू होती है? कहीं इसलिए तो नहीं कि आरम्भिक यातनाओं के बाद इतिहास, जीवन संघर्षों को पुनः देखना-परखना चाहता है...? या इसलिए कि ऐसा होने से पहली वाली क्रूरताएँ भुलायी जा सकती हैं...? खैर...जब यह द्वीप-समूह जापानी प्रभुत्व में आ गया तो प्राथमिक रूप से लोगों के जीवन में सार्थक बदलाव हुआ। लेकिन सुख की यह घड़ी विश्व-युद्ध में जापान की स्थिति अच्छी बनी

रहने तक ही रह चल सकी। जैसे-जैसे मित्र-राष्ट्रों का युद्ध पर नियन्त्रण बढ़ने लगा और जर्मनी, इटली, जापान का पराभव होने लगा, अण्डमान के लोगों के ऊपर क्रूरताओं का पहाड़ टूटने लगा। अपनी हार से बौखलाए जापानी अधिकारी यहाँ की जनता पर अपना गुस्सा उतारने लगे। इस द्वीप के इतिहास में यह दौर बेहद कठिन और भयानक माना जाता है। जब 7 अक्टूबर 1945 को यहाँ पर जापानी प्रभुत्व का अन्त हुआ, उस समय तक सैकड़ों-हजारों लोगों को मौत के घाट उतारा जा चुका था।

यह बड़ा आश्चर्यजनक लगता है कि 1943 के अन्त में यहाँ नेताजी सुभाषचन्द्र बोस का आगमन हुआ था, लेकिन उन्हें वहाँ की जमीनी परिस्थितियों की जानकारी नहीं हो सकी। एक तरफ आम जनता मर रही थी और दूसरी तरफ वे आजादी के सपने दिखा रहे थे। खैर...जापानी शासन का अन्त होते ही, हमें सभ्य बनाने वाली औपनिवेशिक ताकतें पुनः अपनी जिम्मेदारी सँभालने के लिए लौट आयीं। उन्हें इस जिम्मेदारी से इतना मोह रहता था कि देश की आजादी के समय भी, वे अण्डमान को अपने प्रभुत्व में रखने की तमाम नाकाम कोशिशें करती रहीं। अत्यन्त कठिनाईपूर्ण और मुश्किल हालत से गुजरते हुए यह 'द्वीप-समूह' सन् 1950 में भारत का अंग बन गया।

यहाँ कुछ सवाल पैदा होते हैं। मसलन क्या यदि अंग्रेज भारत नहीं आये होते तो भी अण्डमान भारत का ही हिस्सा होता? या फिर यदि अण्डमान के संघर्ष में दूसरी यूरोपीय शक्तियों ने विजय हासिल कर ली होती, तो क्या होता? और यदि अंग्रेजों ने भारतीयों को 'दण्ड देने' के लिए इन द्वीपों का चुनाव नहीं किया होता, तो क्या होता...? यदि भारतीय बन्दियों की जगह वहाँ केवल बर्मी या दक्षिण पूर्व एशियाई बन्दी ही लाये गये होते, तो क्या स्वाभाविक रूप से ये द्वीप भारत में शामिल हो पाते..? हालाँकि इतिहास ऐसे सवालों को काल्पनिक कहकर नजरअन्दाज कर देता है। लेकिन इस कल्पना के आधार पर एक निष्कर्ष तो निकाला ही जा सकता है कि अंग्रेजों द्वारा भारतीय बन्दियों के लिए इन द्वीपों को चुनने के कारण ही इन द्वीपों पर भारत का स्वाभाविक दावा बना। अन्यथा भौगोलिक दृष्टि के आधार पर अण्डमान को बर्मा और निकोबार को इण्डोनेशिया के पास होना चाहिए था। मतलब उन बन्दियों की शहादत ही इन द्वीपों पर भारतीय अधिकार का स्वाभाविक आधार बनी। हम लोग, जो आज यहाँ आकर इतराते हुए घूम रहे हैं, तो सिर्फ इसलिए कि हमारे उन अनगिनत पूर्वजों ने अपनी शहादत से हमें यह अवसर उपलब्ध कराया है।

अण्डमान का पहला दिन अत्यन्त यादगार गुजरता है। अब लगता है कि यदि परिस्थितियों ने हमें यहाँ घूमने से वंचित भी किया तो भी हमने इस 'तीर्थ-स्थल' पर याद रखने लायक बहुत कुछ देख सुन लिया है। हम वापस होटल लौटते हैं,

सेल्युलर जेल की छत

और सरकार के उन नियमों को अत्यन्त आभारपूर्वक याद करते हैं जिसने हमारा यहाँ आना सम्भव बनाया।

अगली सुबह हम कुछ 'अँखफोर' हो जाते हैं। लगता है कि यह दुनिया भी हमारी अपनी दुनिया की तरह ही है। यहाँ भी हमारे ही तरह के लोग-बाग हैं, उनके आचार-व्यवहार हैं, नियम-कानून हैं। और जो कुछ हमारे से अलग है, वह भी इतना अलग नहीं है कि हम उसे पकड़ न सकें, कि छिटककर वह हमसे दूर चला जाये। देशाटन का एक लाभ यह भी है कि हमें अपने अवचेतन को साफ करने का अवसर मिलता है। हम जिस दुनिया को देख रहे हैं, जिस दुनिया की चारदीवारी में जी रहे हैं, उसके बाहर की दुनिया खासी अलग होगी और हम उससे तादाम्य स्थापित नहीं कर पायेंगे, जैसी मन में पलने वाली अनेकानेक भ्रान्तियों को दूर करने का अवसर मिलता है। जब हम उस अनजानी दुनिया को अपनी आँखों से देख लेते हैं, उसमें कुछ पल बिता लेते हैं तो ऐसा लगता है कि सारे मनुष्य लगभग एक ही तरह से बने हुए हैं। बतौर इनसान उसमें प्रेम, दया, क्षमा, करुणा और बन्धुत्व जैसी भावनाएँ ही मिलती हैं। उनका 'सामूहिक विवेक' रूसो की उस 'सामान्य इच्छा' से अलग नहीं हो सकता है, जो सामान्यतया सही होता है, जो सामान्यतया सबके हित में होता है। और यदि उसमें कोई विभाजन या अलगाव है भी, तो वह बेहद कृत्रिम और बाह्य आरोपित है।

अण्डमान में पूरे देश के बन्दियों के आने और यहाँ आकर एक पूरा भारत बनाने के कारण देश की लगभग सभी विविधताएँ महसूस की जा सकती हैं। चूँकि यहाँ आने के दो बड़े केन्द्र कोलकाता और चेन्नई रहे हैं, और जो आज भी हैं,

इसलिए स्वाभाविक रूप से यहाँ की आबादी भी उन दो केन्द्रों से अधिक प्रभावित दिखाई देती है। सबसे अधिक संख्या यहाँ बंगाली भाषा-भाषी लोगों की है। लगभग 25 प्रतिशत। उसके बाद उत्तर भारत से 18 प्रतिशत, तमिल 17 प्रतिशत, तेलुगु 12 प्रतिशत, मलयाली 8 प्रतिशत और अन्त में निकोबारी लोगों की संख्या आती है, जो यहाँ की कुल आबादी की लगभग 8 प्रतिशत है। इस द्वीप समूह की यह सबसे बड़ी जनजाति भी है। जहाँ तक धर्म का सवाल है तो इसमें हिन्दुओं का प्रतिशत काफी आगे है और दूसरे नम्बर पर ईसाई धर्म (21 प्रतिशत) को मानने वाले लोग निवास करते हैं।

यह सुबह हमें थोड़ी और ठीक से ठोंक-पीटकर तैयार कर देती है। ऐसा लगता है कि अण्डमान ने हमें स्वीकार कर लिया है। या कहें तो हमने अण्डमान से नाता जोड़ लिया है। सेल्युलर जेल के पास ही राजीव गाँधी वाटर पार्क है और सामान्यतया लोग-बाग यहीं से अण्डमान को घूमने के लिए अपने दूसरे दिन की शुरुआत करते हैं। हम लोग भी 'तीन द्वीपों' की सैर के लिए अपना हाँका जोड़ लेते हैं। थोड़ी देर में 'स्टीमर' हमें 'रास द्वीप' पहुँचा देता है। यह द्वीप सेल्युलर जेल से अधिकतम एक-दो किलोमीटर दूरी पर स्थित है। यहाँ से अंग्रेज अपना प्रशासन चलाते थे। आम जनता से अलग, श्रेष्ठ और विशिष्ट होने के एहसास को अर्जित करने का एक यह भी तरीका होता है। मतलब देखभाल भी होती रहे और अलग होने का

—— रास द्वीप ——

श्रेष्ठताबोध भी अक्षुण्ण रहे। हमारे यहाँ 'लुटियन जोन' से देश को चलाने वालों ने इतिहास के ऐसे सबक खूब सीखे हैं। लगभग सात-आठ दशकों तक शासन-स्थली के रूप में गुलज़ार रहे इस 'रास द्वीप' को, आज प्राकृतिक आपदाओं ने लगभग नेस्तनाबूत कर दिया है। चीफ कमिश्नर का बँगला, अस्पताल, क्लब, स्वीमिंग पूल, चर्च और कब्रिस्तान के खँडहर उस दौर की गवाही देने के लिए बस किसी तरह लड़खड़ाते हुए खड़े हैं।

यहाँ पर एक सवाल मन में यह पैदा होता है कि यदि यहाँ आने वाले बन्दियों को प्राकृतिक विभीषिकाओं ने हमेशा परेशान किया और वे इसकी चपेट में आकर मरते रहे तो उनके आकाओं का क्या हुआ होगा...? जवाब कोई सुखद संकेत नहीं उपलब्ध कराता। बेशक कि वे शासक थे, बेशक कि उन्हें मानसिक और शारीरिक पीड़ा नहीं झेलनी पड़ती थी। लेकिन थे तो वे भी आदमी ही। प्रकृति की परीक्षा में उन्हें भी बैठना होता था। अकेलेपन का पेपर उन्हें भी देना होता था। यदि वे किसी को मारते-पीटते हुए जी रहे थे, तो ऊपर से देखने में यह जरूर कठोर लगता है। लेकिन अन्दर से टूट-फूट तो उनके यहाँ भी चल रही थी। अपने देश से इतनी दूर, अपने परिवार और रिश्तेदारों से इतनी दूर, आखिर वे किस चीज को पाने के लिए लड़ रहे थे। किस चीज को बचाने और बढ़ाने के लिए संघर्ष कर रहे थे। बेशक उन्होंने पोर्टब्लेयर से बाहर 'रास द्वीप' पर अपना आशियाना बसाया, लेकिन थे तो वे भी अन्ततः काले पानी में ही। तमाम सुविधाओं और संसाधनों से दूर, एक आदिम जीवन को झेलते हुए।

तो क्या उनकी स्थिति उस 'गुल्ली-डण्डे' के खेल की तरह ही नहीं थी जिसमें हारने वाला तो दौड़ता ही है, उसे हराने वाला भी उसके साथ-साथ यह देखने के लिए दौड़ता है कि यह हमारे द्वारा दिये हुए दण्ड को पूरा कर रहा है या नहीं...? आप जरा इस खेल से बाहर निकलकर सोचिये कि जो लोग दण्ड भोग रहे होते हैं, वे तो इस तथ्य से परिचित भी होते हैं कि इस 'दण्ड' के कारण वे कष्ट पा रहे हैं। लेकिन जो लोग उनके साथ-साथ 'दण्ड देने' के लिए भाग रहे होते हैं, वे तो जान भी नहीं पाते कि अन्ततः वे भी एक तरह का दण्ड ही भोग रहे हैं। अण्डमान में जाने वाले बन्दी यदि उस पीड़ा को उठा रहे थे, मर-खप रहे थे, तो उन पर शासन करने वाले अंग्रेज या जापानी कारिन्दों की स्थिति भी बहुत बेहतर नहीं थी। वे लोग भी प्रकृति के कोप के खूब शिकार हुए। अकेलेपन और अवसाद के भँवर में खूब डूबे।

अफसोस...! कि शासकों के द्वारा अपने कारिन्दों की ऐसी मानसिकता तैयार कर दी जाती है कि उन्हें न तो अपने ऊपर होने वाले अन्याय का पता होता है, और न ही अपने द्वारा किये जाने वाले अन्याय पर कोई पछतावा। और यदि होता भी है तो उस प्रक्रिया से गुजर जाने के बाद ही। उस अन्याय को कर जाने के बाद ही। तब, जबकि उनके पास उसे नहीं करने का कोई विकल्प नहीं होता। कभी उन्हें

प्रेरित करने के लिए धर्मादेश रास्ता दिखाते हैं तो कभी जातीय और नस्ली श्रेष्ठता। भारत में जाति-प्रथा के अत्याचार इसके ज्वलन्त उदाहरण हैं, जिसे करने वाले यह तक समझ नहीं पाते कि वे कौन सा अत्याचार-अनाचार कर रहे हैं। बेशक कि आधुनिक काल में इसमें एक बड़ा बदलाव आया है। अब अत्याचार सहने वाले लोग कम से कम यह समझने लगे हैं कि उन पर अत्याचार किया जा रहा है और इसके खिलाफ उन्हें आवाज उठानी चाहिए। अब इसे सहन नहीं किया जाना चाहिए। उस मानसिकता से अलग, जिसमें एक लम्बे दौर तक वे भी यही मानते आये थे कि वे अत्याचार सहने के लिए ही पैदा हुए हैं।

अण्डमान की कहानियाँ इतनी त्रासदपूर्ण हैं कि वे बार-बार हमको अपने भीतर खींच लेती हैं। राहत की बात यह है कि हर उठे हुए कदम के बाद प्रकृति की नेमतों का आकर्षण भी हमें अपने भीतर बुला लेता है। जैसे ही हम 'रास द्वीप' से निकलते हैं और नार्थ बे (कोरल द्वीप) की तरफ पहुँचते हैं, सारा माहौल चहल-पहल और उत्सव का हो जाता है। यहाँ पर समुद्री जीव-जन्तुओं द्वारा बनाये गये घर, अर्थात 'कोरल' खूब पाये जाते हैं। हर कोई समुद्र में भीतर उतरकर उन्हें देखने की इच्छा रखता है। इनमें से कुछ लोग डर रहे हैं तो कुछ लोग पैसे की चिन्ता में कतरा रहे

माउंट हेरिएट से नार्थ बे का दृश्य

हैं। स्टीमर वाले इन दोनों ही तरह के लोगों के द्वन्द्वों को जानते हैं। प्रतिदिन इससे उनका पाला पड़ता है। पहले तो वे इसके हर तरह से सुरक्षित होने की बात समझाते हैं, जिसे कुछ लोग उत्साह में समझ भी जाते हैं। और फिर जब इन नाविकों को यह लगता है कि बात पैसे की भी है, तो वे उसकी काट में नाव पर बैठाकर ही 'कोरल' दिखाने का आफर पेश करते हैं। यह सस्ता भी है और सुविधाजनक भी। कहें तो कामचलाऊ भी। अन्तिम पड़ाव के रूप में हमें घुमाने के लिए स्टीमर उस दिन वाइपर द्वीप भी जाता है। इसका महत्त्व अण्डमान की उन त्रासद स्मृतियों से जुड़ता है, जिसमें पोर्टब्लेयर में सेल्युलर जेल के बनने से पहले यहाँ पर एक कामचलाऊ जेल और 'फाँसी घर' होने का जिक्र आता है।

दूसरे दिन की शाम हम अण्डमान में कबड्डी खेलने लायक हो जाते हैं। उसके इतिहास और भूगोल से परिचित होने के बाद उसके जीवन को देखने-समझने की हमारी आँखें और अधिक खुल जाती हैं। रास, कोरल और वाइपर द्वीपों ने पोर्टब्लेयर को तटस्थ होकर देखने की नेमतें बख्श दी हैं। इस राजधानी वाले शहर में काफी बड़ी आबादी रहती है। लेकिन बाहर से यह शहर भी पेड़-पौधों वाला एक बड़ा द्वीप ही लगता है, जिसके आस-पास ऐसे ही कई और द्वीप भी उगे हुए हैं। कोई पचीस-पचास मीटर ऊँचाई वाला, तो कोई सौ-दो सौ मीटर की ऊँचाई लिए। इसके नजदीक में सबसे ऊँची चोटी 'माउंट हेरिएट' है जहाँ जाने के लिए पानी की बड़ी जहाज लेनी पड़ती है। ऐसी जहाज, जिस पर मोटरसाइकिल, जीप और कार के साथ-साथ बस भी चढ़ा ली जाती है। वहाँ की जेट्टी पर 'अण्डमान' के खानपान को जानने वाली एक महत्त्वपूर्ण घटना घटती है। हम माउंट हेरिएट के तट पर उतरते हैं, और जब तक हमारी कार उस जहाज से उतर कर सड़क पर नहीं आ जाती, सामने एक खाने-पीने की दुकान की तरफ हम लपकते हैं। वहाँ गरमागरम समोसे निकल रहे हैं। सबकी जीभ उस समोसे के स्वाद को सोचकर लटपटाने लगती है।

दुकान वाला समोसे पर हाथ रखते हुए पूछता है कि आलू वाला या अण्डे वाला...?

'मान लीजिए...यदि उसने यह सवाल नहीं पूछा होता तो...?' उस पूरे दिन यही जुमला हम शाकाहारियों के बीच उछलता रहता है।

'माउंट हेरिएट' की ऊँचाई समुद्र तल से 365 मीटर है। इसकी चोटी से पोर्टब्लेयर और उसके आस-पास का दृश्य किसी भी अच्छी फिल्म की फोटोग्राफी को मात करता है। प्रकृति यहाँ इतने रूपों में मेहरबान है कि एक पल के लिए भी उससे नजर नहीं हटती। यहाँ से 'नार्थ बे' का जो दृश्य दिखाई देता है, उसी को भारतीय सरकार ने बीस रुपये की नोट के पीछे चित्रित किया है। हम सबका हाथ बीस रुपये की नोट तलाशने के लिए अपनी जेब की तरफ बढ़ता है। और जैसा कि आजकल अक्सर होता है, वह खाली ही लौट आता है। हमारे गाइड का यह रोज का काम है। इस तथ्य को बताने का और फिर नोट निकालकर उसे दिखाने

का। जिस भी सलाहकार ने इस दृश्य को यहाँ अंकित करने की सलाह दी होगी, वह बेहद कल्पनाशील और प्रकृतिप्रेमी रहा होगा। लेकिन नोट पर छपे दृश्य को देखकर यह लगता है कि जिस भी चित्रकार ने इसे अपने कैमरे में कैद किया होगा और जिस किसी ने उसे चयनित किया होगा, उन दोनों के पास न तो कैमरा पकड़ने की तमीज रही होगी और न ही प्रकृति को समझने का कोई विजन। उस चोटी से इतना खराब दृश्य कैसे लिया जा सकता है, अलबत्ता उन्हें इस बात के लिए जरूर शाबासी मिलनी चाहिए।

हम अण्डमान के पास वाले एक और नगीने 'चिड़िया टापू' की ओर बढ़ते हैं। दक्षिणी अण्डमान के इस सुदूर दक्षिणी हिस्से पर स्थित 'चिड़िया टापू' की पोर्टब्लेयर से दूरी लगभग 25 किलोमीटर है। और जैसा कि नाम से ही स्पष्ट है यहाँ पर अण्डमान में पाये जाने वाली चिड़ियों की लगभग सभी प्रजातियाँ निवास करती हैं। मगर वे आपको सर्वसुलभ तरीके से देखने को मिल जायें या आपके दो-चार घण्टे के प्रवास के दौरान सामने आकर अपनी चहचहाहट दिखाने के लिए राजी हो जायें, तो फिर वे चिड़िया कैसे कहलाएँगी। उन्हें इस बात की कोई परवाह नहीं है भारत सरकार ने आपको 'एल.टी.सी.' की सुविधा प्रदान की है और आप उन्हें देखने के लिए यहाँ पर हजारों किलोमीटर दूर से चलकर आये हैं। जाहिर है, सड़क पर चलते हुए न तो उन्हें दिखाई देना चाहिए और न ही वे दिखाई देती हैं। अलबत्ता सड़क के समानान्तर जंगलों में उनकी अपनी दुनिया है और वे उस दुनिया को गुलज़ार करने में लगी हुई जरूर सुनी जा सकती हैं। वैसे 'चिड़िया टापू' के रास्ते में जंगलों के बीच से निकलती हुई सड़क पर छाये अँधेरे को देखने के लिए भी आया जा सकता है। और सड़क के समानान्तर चलने वाले समुद्र के साथ चलने के लिए भी। इसका रास्ता इतना खूबसूरत है कि यदि आप 'फेरारी' में भी सफर कर रहे होंगे, तब भी यही चाहेंगे कि उसकी गति हमारे अपने बलिया में चलने वाली खजड़हिया 'ऑटो' से अधिक न हो।

और बात, जब रास्ते की खूबसूरती की आती है तो फिर पोर्टब्लेयर के 'कार्बन केव बीच' की तरफ जाने वाले रास्ते को भी जरूर याद किया जाना चाहिए। समुद्र के समानांतर लगभग दस-बारह किलोमीटर तक चलते हुए आप यह भूल ही जाते हैं कि हम भारत में ही हैं। प्रकृति के साथ व्यवस्था की समझदारी भी यहाँ खूब दिखाई देती है। और फिर देखने के हिसाब से पोर्टब्लेयर में कई संग्रहालय और बीच भी हैं, जिन्हें हर होटल वाला, हर गाइड आपसे शेयर करता है। और 'लार्ड मेयो' की हत्या की उस रोमांचक कहानी को भी, जो फरवरी 1872 में भारत के गवर्नर जनरल के रूप में यहाँ आया था, और जिसे 'शेर खान' नामक कैदी ने 'माउंट हेरिएट' से लौटते समय 'चेथम द्वीप' पर छुरा घोंपकर मार डाला था। कहने की जरूरत नहीं है कि 'शेर खान' को फाँसी दे दी गयी थी।

'पोर्टब्लेयर' अब हमें कुछ-कुछ याद होने लगा है। यहाँ 'गाँधी चौक' से एक रास्ता जहाज घाट की ओर जाता है और दाहिनी ओर समकोण पर जाने वाला दूसरा रास्ता, थोड़ी सी चढ़ाई के बाद पोर्टब्लेयर के मुख्य बाजार अबरदीन तिराहे की तरफ। इस तिराहे से दो रास्ते और फूटते हैं। बाएँ जाने वाला सेल्युलर जेल की तरफ। और उसके ठीक विपरीत में दाहिने जाने वाला रास्ता आगे चलकर इस केन्द्रशासित प्रदेश के सचिवालय और 'राजभवन' होते हुए हवाई अड्डे को निकल जाता है। राजभवन का एरिया पोर्टब्लेयर की पहाड़ी का शीर्ष है और यहाँ से इस शहर का एक यादगार नजारा लिया जा सकता है। इसी रास्ते में 'अबरदीन' तिराहे से लगभग 200 मीटर की दूरी पर शाकाहारी लोगों का तीर्थस्थल 'अन्नपूर्णा होटल' भी है। मजे की बात यह है कि 'अन्नपूर्णा' वाला भी इस बात से आश्वस्त है कि पोर्टब्लेयर में आने वाले शाकाहारी भक्त यहाँ माथा टेकने जरूर आयेंगे। तभी तो वह अपने फुल प्लेट में चावल के इतने दाने ही परोसता है जितने को खाने के दौरान गिना भी जा सके।

'पोर्टब्लेयर' के आस-पास तीन-चार दिन बिताने के बाद, अब यहाँ से उत्तर-पूर्व दिशा में स्थित दो द्वीपों 'हैवलाक' और 'नील' की तरफ रुख करने का समय आता है। समुद्री जहाज यहाँ के लिए प्रतिदिन सुबह जाते हैं। इनका अग्रिम टिकट लेना पड़ता है, जो तीन दिन पहले बुक किया जा सकता है। जाहिर है, हमारे शहर बलिया के रेल-आरक्षण काउण्टर की तरह यहाँ भी दलालों का दबदबा देखा जा सकता है। वे उसी प्रकार की कृत्रिम भीड़ पैदा करते हैं, जैसे कि पाकेटमारों का समूह ट्रेन या बस में चढ़ते समय पाकेट मारने के लिए किया करते हैं। बात यदि अश्लील न लगे तो यह भी, कि जैसे दक्षिणी भारत के मन्दिरों में व्यवस्थापकों द्वारा हर घण्टे आरती और भोग के नाम पर कृत्रिम भीड़ इकट्ठा करने का ड्रामा खेला जाता है। यात्रा के अनुभव ने मेरी पत्नी रीना को भी अब यह सिखा दिया है कि किस परिस्थिति में किनारे खड़े होकर आनन्द लिया जाना चाहिए और किस परिस्थिति में कमर कसकर मैदान सँभाल लेना चाहिए। उसके पराक्रम से पन्द्रह मिनट के भीतर हम भी टिकट वाले हो जाते हैं।

अगली सुबह हम 'हैवलाक' द्वीप के लिए निकलते हैं। लगभग सौ-डेढ़ सौ लोगों की क्षमता वाले उस जहाज में आरम्भिक दस मिनट अपनी सीटों की छेंकाई और बिछाई में बीतती है। लेकिन जैसे ही ग्यारहवाँ मिनट आता है, पूरी जनता जहाज के सिर पर सवार हो जाती है। सारी सीटें जीवन की तरह ही अन्ततः खाली हो जाती हैं, कि जिसे भरने के लिए हम अभी तक बेचैन और आतुर रहते हैं। जहाज के डेक से यह दुनिया बिल्कुल स्वप्निल नजर आती है। दूर तक फैला हुआ नीला समुद्र और उस पर सूरज की चमकती किरणें वह दृश्य पैदा करती हैं, जिसको व्यक्त करने के लिए भाषाओं ने अभी तक ठीक-ठीक शब्द नहीं गढ़े। कि जैसे मैं सुन्दर, बेहतरीन,

——— राधानगर बीच, हैवलाक द्वीप ———

अद्भुत या मोहक कह दूँ और वह दृश्य आपके भीतर उतर जाये। लगभग दो घण्टे डेक पर बिताने के बाद हैवलाक की आहट मिलने लगती है। यहाँ की 'जेट्टी' पर उतरने के बाद ऐसा महसूस होता है कि पोर्टब्लेयर में चार दिन बिताने के बाद भी मछलियों की इस तीखी गन्ध से हम अभी महरूम ही रहे हैं।

भारत की मुख्यभूमि से पोर्टब्लेयर पहुँचकर, जैसे हम प्रकृति का घना साहचर्य महसूस करते हैं, पोर्टब्लेयर से हैवलाक आने पर वही एहसास अपने को दुहराता है। वैसे तो यह पूरा द्वीप ही खूबसूरत है लेकिन इसके 'राधानगर बीच' की बात ही कुछ और है। यह किनारा सम्पूर्ण एशिया में अपनी विशिष्टता के लिए जाना जाता है। भारत के पूर्वी तट के बंजर किनारों से तो इसकी तुलना ही बेमानी है। हाँ...पश्चिमी तट के किनारों को यदि एक साथ जोड़ दिया जाय, तो इससे मुकाबले लायक एक रेखा बनाई जा सकती है। गोवा के तीनों महत्त्वपूर्ण किनारों—कलिंगुट, कोलाता और पालवोलिम और केरल के कोवलम किनारे को एक साथ मिलाने पर जो तस्वीर बनती है, उसमें समुद्र का अपने भीतर तक प्रवेश करने देना, पृष्ठभूमि की निखरी खूबसूरती, लहरों का सीधे उठना-गिरना, और बालू का पैरों में कम लगना शामिल होता है। आप इस सबमें 'सुपरलेटिव डिग्री' को जोड़कर 'पानी की सफाई' और 'किनारे के एकान्त' से मिला दीजिए, और फिर जो तस्वीर बनती है, उसे राधानगर का 'किनारा' समझिये। सम्भव है, आप उसके कुछ करीब पहुँच पायें। हम यहाँ

—— नील द्वीप ——

एक दिन के लिए आते हैं और दो दिन रुक जाते हैं। और तीसरे दिन जब यहाँ से नील द्वीप के लिए रवाना होते हैं तो जहाज के समय को ध्यान में रखते हुए एक बार पुनः यहाँ डुबकी लगाने चले आते हैं।

जहाज नील द्वीप की तरफ बढ़ता है और हम एक विस्मय की तरफ। लगभग डेढ़ घण्टे बाद इस द्वीप की आहट मिलने लगती है। इस अत्यन्त छोटे द्वीप को नजर की एक फ्रेम में भी समेटा जा सकता है। यहाँ 'ज्वार' के समय स्नान करने का सुख उठाया जा सकता है और 'भाटा' के समय समुद्र के भीतरी घर को खुले आकाश के नीचे निहारने का। जिस कोरल को देखने के लिए पोर्टब्लयेर के नजदीक इतनी गहमा-गहमी और अफरा-तफरी मची रहती है, वह यहाँ पर 'यत्र-तत्र-सर्वत्र' बिखरा पड़ा है। मतलब इस द्वीप को ज्वार-भाटा, कोरल और साफ नीले-हरे पानी को देखने के लिए जरूर आना चाहिए। लेकिन ये दोनों द्वीप शाकाहारियों के लिए शामत भी लेकर आते हैं। यदि आपके पास अफरात का समय हो और उसे बर्बाद करने का मन भी, तो यहाँ पर 'शाकाहारी भोजनालय' ढूँढ़ने निकल सकते हैं। अन्यथा नारियल पानी, ब्रेड और नमकीन से तो आप परिचित ही हैं।

एक रात नील में गुजारने के बाद हम पोर्टब्लेयर वापस लौटते हैं। अब यह शहर गहमा-गहमी से भरा हुआ शहर लगता है। प्रकृति से थोड़ा दूर और थोड़ा जबरदस्ती का व्यवस्थित। जाहिर है, अब हमारे पास नापने के लिए 'हैवलाक और

——— नील द्वीप का किनारा ———

नील' वाला पैमाना जो आ गया है।

अगले दिन हमें 'बाराटाँग' के लिए निकलना है, जो पोर्टब्लेयर से 105 किलोमीटर उत्तर की तरफ है। इसके रास्ते में लगभग 50 किलोमीटर के संरक्षित क्षेत्र में 'जारवा जनजाति' निवास करती है। इस बात को लेकर हम उत्सुक हैं कि इस यात्रा में पहली बार हम दक्षिणी अण्डमान से बाहर निकल रहे हैं। सब जानते हैं कि आज की यात्रा भले ही बाराटाँग के नाम पर हो रही है लेकिन असली मकसद तो 'जारवा जनजाति' वाले क्षेत्र से गुजरना है, या कहें तो उन्हें देखना है। लगभग एक घण्टे की यात्रा के बाद हम उस चेक पोस्ट पर पहुँच जाते हैं जहाँ से 'जारवा जनजाति' के लिए संरक्षित क्षेत्र आरम्भ होता है।

चूँकि यह जनजातीय क्षेत्र आम जनता के लिए प्रतिबन्धित है, इसलिए पर्यटन उद्योग ने यहाँ जाने का रास्ता बाराटाँग दिखाने के बहाने चुन लिया है। यहाँ का भूगोल कुछ ऐसा है कि सड़क मार्ग से बाराटाँग जाने के लिए आपको 'जारवा क्षेत्र से होकर ही गुजरना पड़ता है। इस जनजाति के बारे में सर्वविदित तथ्य यह है कि ये लोग कपड़े नहीं पहनते। तो क्या इन सैकड़ों गाड़ियों की लगी हुई कतार में बैठे हजारों लोग, आज की यात्रा इसलिए कर रहे हैं कि उन्हें नंगे लोगों को देखना हैं? नहीं नहीं...यह सवाल यदि आप इन लोगों से पूछ देंगे तो वे उसे गोल-गोल बनाकर चबा जायेंगे और फिर हजम भी कर जायेंगे। जैसे कहने लगेंगे कि 'हम तो साहेब...यहाँ की संस्कृति को देखने आये हैं।' जैसे कि 'हम तो साहेब...इस रास्ते

को देखने के लिए आये हैं।' जैसे कि 'हम तो साहेब लाइमस्टोन गुफा और सुप्त ज्वालामुखी को देखने आये हैं।' और यह भी कि 'हम तो साहेब इसलिए आये हैं कि सभी लोग यहाँ आ रहे थे।' ...अच्छा है। जैसे कि टूर-आपरेटर हमें बाराटाँग दिखाने के लिए लाये हैं और सरकार भी इसीलिए हमें यहाँ आने की इजाजत दे रही है कि हम बाराटाँग को देख सकें। तो ऐसे में पर्यटकों का इतना 'हिपोक्रेट' होना तो चल ही सकता है। क्यों...?

जारवा जनजाति का उद्‌भव नीग्रो जाति से जोड़कर देखा जाता है। सभ्यता के विकास से कोसों दूर, अपने में रहने वाली यह जनजाति आज अपने अस्तित्व की लड़ाई लड़ रही है। सैकड़ों-हजारों साल तक प्रकृति के साथ सामंजस्य बिठाने के बाद आज उनकी जनसंख्या 250 के आस-पास सिमट कर रह गयी है। यह तथ्य कितना सालने वाला है कि 'बाराटाँग' का पर्यटन उनके 'नंगे रहने' को दिखाने के नाम पर चल रहा है। और उनके बारे में उपलब्ध जानकारियों को किताबों के हवाले या फिर संग्रहालयों के भरोसे छोड़ दिया गया है। तो क्या यह इतना कठिन काम है कि इनकी विशिष्टताओं को आम पर्यटकों के साथ शेयर नहीं किया जा सकता है। वहाँ जाने वाले सभी पर्यटकों को दो पन्ने की एक छोटी सी बुकलेट के सहारे ये सूचनाएँ तो उपलब्ध करायी ही जा सकती हैं कि सभ्यता से दूर उनका जीवन किस तरह से चलता है। मसलन उनकी रोटी, जो आज भी प्रकृति के साथ ही चलती है। बीच में सरकार ने उसमें कुछ हस्तक्षेप किया था और उनके खाने-पीने के लिए कुछ बाहर की चीजें मुहैया कराई थीं तो कैसे हालात बिगड़ गये। पता चला कि उनमें मृत्यु दर अचानक बढ़ गयी। इस बाहर के खाने ने उनकी प्रतिरोधी क्षमता घटा दी और वे सामान्य बीमारियों में भी मरने लगे। कपड़े वाली जरूरत भी उनकी प्रकृति ही पूरा करती है। मन किया तो पेड़ की छाल और पत्तियाँ लपेट लीं, और मन नहीं किया तो वह भी नहीं। अलबत्ता आवास को लेकर हाल के दिनों में कुछ अवश्य परिवर्तन आया है। सरकार ने घने जंगलों के बीच उनके लिए कुछ 'सेल्टर' बना दिये हैं, जिसमें वे रहने लगे हैं। शिक्षा और स्वास्थ्य की बुनियादी जरूरतों से अभी भी वे कोसों दूर है। सिवाय इस बात के कि इधर के वर्षों में जब उनका कोई साथी गम्भीर रूप से बीमार पड़ता है तो वे उसे सड़क के किनारे लिटा जाते हैं, ताकि सरकार उनकी मदद कर सके।

ढेर सारे कौतूहल को लिए हमारा कारवाँ उस 'संरक्षित क्षेत्र' में प्रवेश करता है। आगे-आगे वहाँ की स्थानीय पुलिस की गाड़ी है और पीछे-पीछे सैकड़ों गाड़ियों का लम्बा काफिला। 'जारवा लोग' भी काफिले के लिए नियत समय को पहचानते हैं। उनके कुछ सदस्य, जिनमें अधिकतर छोटे-छोटे बच्चे होते हैं, किनारे आकर खड़े रहते हैं। वे बिल्कुल नंग-धंड़ग होते हैं। यदा-कदा युवक-युवतियाँ भी उसी साहकार में दिखाई देती हैं। किसी भी प्रकार की खाद्य सामग्री उन्हें देने की मनाही है। और

——— जारवा क्षेत्र में प्रवेश-द्वार पर दी जाने वाली हिदायतें ———

फोटो लेना तो सख्त रूप से प्रतिबन्धित। बावजूद इसके, यहाँ जाने वाली गाड़ियों के भीतर से चमकते कैमरों को प्रतिदिन देखा जा सकता है। अधिकतर पुरुष उचक रहे होते हैं और अधिकतर महिलाएँ मुँह फेर कर शर्मिन्दा। और फिर वर्ष 2011 में वह वीडिओ भी वाइरल हो ही गया था, जिसमें उन्हें खाद्य पदार्थ देने के एवज में नाचने के लिए बाध्य करते हुए दिखाया गया था। हंगामा संसद तक पहुँचा था और कुछ दिनों के लिए बाराटाँग की यात्रा स्थगित भी रही थी। लेकिन जैसा कि भारत में होता रहा है, बाद में पर्यटन लाबी ने दबाव डालकर उसके भीतर से रास्ता खोज लिया। और वह रास्ता अब 'बाराटाँग' दिखाने के नाम पर चल रहा है। पहली बार जब हम 2010 में यहाँ पहुँचे थे तो उनकी बड़ी संख्या सड़कों के किनारे दिखाई दी थी। लेकिन पिछले साल की यात्रा का अनुभव कहता है कि अब उन लोगों का सड़कों के किनारे आना कम हो गया है। और जहाँ कहीं वे दिखाई भी देते हैं तो उनके साथ वहाँ की स्थानीय पुलिस भी होती है।

हालाँकि बाराटाँग पहुँचकर लगता है कि 'मैंग्रूव' के जंगलों के बीच से स्पीड बोट पर यात्रा करना भी कोई कम रोमांचकारी अनुभव नहीं है। फिर उस सुप्त ज्वालामुखी को देखना भी, जिसमें अभी भी हलके-हलके बुलबुले फूट रहे हैं। और जब हम 'लाइमस्टोन गुफा' को देखकर लौटते हैं तो उस दुर्भाग्य को कोसने की इच्छा होती है, जिसमें यहाँ के पर्यटन उद्योग ने इस पूरे दिन के भ्रमण को 'जारवा

मैंग्रूव के जंगलों के बीच

जनजाति' के कपड़ों से जोड़ दिया है। वैसे अण्डमान की यात्रा उन तमाम जनजातियों की बात के बिना अधूरी ही मानी जायेगी, जिनका यह आदिम घर रहा है, और जो आज विलुप्त होती जा रही हैं। 'ओगी' से लेकर 'सेंटेनली' तक और 'ग्रेट अण्डमानी' से लेकर 'सोम्पेन' जैसी जनजातियों तक। ले-देकर यहाँ पर निकोबारी जनजाति ही बची है, जिसकी उपस्थिति महसूस की जा सकती है। इनकी आबादी लगभग तीस हजार के आस-पास है और यहाँ पर जनजातियों के अधिकारों के लिए चलाये जाने वाले आन्दोलनों में इनकी भूमिका को रेखांकित किया जा सकता है।

तो यह द्वीप-समूह आखिर किसका है? और आज इस पर कौन काबिज है, यह सवाल तो खड़ा होता ही है। और इसी के साथ-साथ नत्थी होकर यह सवाल भी, कि हम इसे परखने के लिए इतिहास में कितना पीछे जाना चाहते हैं। यदि हम 1947 से 100 वर्ष और पीछे देखने की कूबत रखते हैं तो फिर आज के अण्डमान पर बाहरी लोगों का वर्चस्व ही दिखाई देता है। वहाँ पर सदियों से रह रहे भूमिपुत्रों के हाथों से यह समूचा 'द्वीप समूह' निकल गया है। यदि अंग्रेजों ने स्वतन्त्रता आन्दोलन को कुचलने के लिए इसे 'दण्ड द्वीप' के रूप में नहीं बसाया होता, तो इस द्वीप समूह की कहानी कुछ और ही होती। हालाँकि यह बात भी उतनी ही सच है कि देश और दुनिया इसी तरह से बनती रहती है, विकसित होती रहती है। लोग एक जगह से उखड़ते हैं, और उनकी पीढ़ियाँ दूसरी जगह से उग जाती हैं। जाहिर है, इतिहास को वापस तो नहीं लौटाया जा सकता, लेकिन उसे न्यायपूर्ण जरूर बनाया जा सकता

है। आज हमारे सामने यह सबसे बड़ी चुनौती है कि वहाँ के मूल बाशिन्दों को मुख्यधारा के साथ कैसे जोड़ा जाये और कैसे उन्हें अधिकार सम्पन्न बनाया जाये।

यह अण्डमान से वापसी का समय है। इन दस दिनों में जितना देखा-सुना है, जीवन की तरह ही हिसाब लगाने पर लगता है कि उससे कई गुना अधिक छूट गया है। 572 द्वीपों में से सात-आठ द्वीपों को देखने के हिसाब से तो बहुत कुछ। लेकिन यह सोचकर कि यहाँ सिर्फ 34 द्वीपों पर ही जीवन है और उसमें से पाँच-सात को देखने का अवसर मिल ही गया, थोड़ी तसल्ली होती है। मुख्यभूमि के हिसाब से सात सौ किलोमीटर का बिखराव बहुत अधिक नहीं कहा जा सकता है, जिसमें कि यह पूरा अण्डमान और निकोबार द्वीप-समूह बसता है। लेकिन जहाँ हर एक-आध किलोमीटर के बाद समुद्र आपकी अगवानी में खड़ा हो, वहाँ पर यह कोई छोटी दूरी भी नहीं है। दरअसल मुख्यभूमि पर होते हुए हम उस भूगोल को समझ भी नहीं सकते हैं, जो इस 'द्वीप समूह' पर बिखरा हुआ है। उसे समझने के लिए उसे देखना भी होगा। और बजाय इसके कि वहाँ जाकर हम अपने अदेखे पर दुखी हों, इस बात की तसल्ली की जा सकती है कि यह 'द्वीप-समूह' भारत का हिस्सा है, और हम उस हिस्से के छोटे से ही सही, लेकिन भाग बन आये हैं, उसे आँखों में बसा आये हैं। दो वर्ष के अन्तराल में, दो बार अण्डमान घूम आने के बाद जीवन से इतना आशावादी तो हुआ ही जा सकता है कि अभी कई और बार इसे देखने का अवसर मिलेगा। और यह भी, कि तब हम शायद दक्षिणी अण्डमान से बाहर निकलकर मध्य अण्डमान, उत्तरी अण्डमान, लिटिल अण्डमान, और कार द्वीप होते हुए निकोबार द्वीप की सैर भी कर पायेंगे।

वैसे भी...'उम्मीद एक जिन्दा शब्द है।' ...अलविदा अण्डमान...।

यात्रा वर्ष–2010 और 2013

आदमी का अपना देश

अपवादों को छोड़ दिया जाये तो उत्तर भारतीय समाज में यात्रा के दौरान अजनबी लोगों के प्रति हमारा व्यवहार 'साही' (Porqupine) की तरह होता है। हम अपने शरीर पर उसी तरह से काँटे लिए घूमते हैं, जो प्रत्येक अनजानी आहट को संकट मानकर खड़े हो जाते हैं। जैसे कि यात्रा में मिलने वाला प्रत्येक आदमी चोर या उचक्का भी हो सकता है, भले ही बाहर से वह आदमी की तरह ही दिखाई देता हो। जैसे कि सामने बैठकर ट्रेन में सफर कर रहा यह आदमी पलक झपकते ही हमारे सामान को लेकर चम्पत हो सकता है। जैसे कि स्टेशन पर उतरने के बाद प्रत्येक ऑटो और टैक्सी वाला हमारी जेब को टटोलने में मुब्तिला है। जैसे कि प्रत्येक होटल चलाने वाला, धोखे का धन्धा भी चला रहा है। अब चूँकि यात्रा सामान्यतया अजनबी लोगों के बीच से ही होकर गुजरती हैं, इसलिए 'साही' की तरह हमारे शरीर पर उगे हुए काँटे भी यात्रा के दौरान हमेशा खड़े और लड़ाई के लिए तैयार रहते हैं।

और हमारा यह 'कायान्तरण' हो भी क्यों नहीं...? आस-पास छल और धोखे के इतने सारे किस्से हवा में तैरते रहते हैं कि यात्रा में किसी अजनबी व्यक्ति के प्रति दिखाई गयी हमदर्दी, हमारी बेवकूफी साबित हो जाती है। हम भरोसा दिखाते हैं, और सामने वाला हमें धोखा दे जाता है। यहाँ सुदर्शन की कहानी 'हार की जीत' के नायक बाबा भारती के ठगे जाने की तरह इकलौती और अपवादमूलक दास्तान नहीं होती कि हम भी उसे अपने सीने में इसलिए जज्ब कर लें कि समाज में एक-दूसरे पर भरोसा बना रहे। वरन यहाँ तो भरोसे के बीच बचकर निकल गया आदमी ही आपने आपको भाग्यशाली मानता है कि उसने हजार किलोमीटर की यात्रा एक आदमी की तरह की है और यात्रोपरान्त घर पहुँचने के बाद भी उसका दुनिया पर भरोसा बना हुआ है। जबकि होना तो यह चाहिए था कि 'साही' की तरह यात्रा करने वाला व्यक्ति, सकुशल घर पहुँचने के बाद अजनबी सहयात्रियों से किये गये रूखे व्यवहार या मन में रखे गये अज्ञात भय के कारण अपनी नजरों में थोड़ा लज्जित होता। उसे इस बात का अपराध-बोध होना चाहिए था कि जिस सामने वाली सीट पर यात्रा करने वाले आदमी के ट्रेन में चढ़ने पर वह थोड़ा और

चौकन्ना हुआ था, वह पूरी यात्रा में सबका मददगार निकला था। और इस बात के लिए भी कि उसने अपने मन-मस्तिष्क को इतना दूषित क्यों कर लिया है।

लेकिन सौभाग्य से हमारा पूरा देश हम उत्तर भारतीय मैदानी लोगों जैसा ही 'चालाक' नहीं है। और यही कम चालाकी जैसे कि उत्तर-भारतीय हिमालयी राज्यों की यात्रा के दौरान इस दुनिया पर भरोसे को स्थापित करती चलती है उसी तरह से दक्षिणी प्रदेशों की यात्रा में भी हमारे भीतर के आदमी को जिलाए रखती है। ट्रेन जैसे ही मध्य प्रदेश को पारकर नीचे की तरफ बढ़ने लगती है सकारात्मक परिवर्तन महसूस होने लगते हैं। अब चूँकि आदत और व्यवहार एक दिन में बदले नहीं जा सकते, इसलिए चाहकर भी हम अपने शरीर के काँटों को हटा नहीं पाते। सामने की दुनिया भरोसे के लिए प्रेरित करती है और हमारी आदतें सन्देह के लिए। इस रस्साकशी में उन काँटों का नुकीलापन जरूर कुछ कम होने लगता है। इधर ट्रेन महाराष्ट्र होते हुए आन्ध्र प्रदेश और तमिलनाडु की तरफ बढ़ती जाती है और उधर उन काँटों की जरूरत कम से कमतर होती चली जाती है। और फिर एक-बारगी जब हम दक्षिणी राज्यों में पहुँच जाते हैं तो अपवादों को छोड़कर इनकी आवश्यकता भी लगभग समाप्त ही हो जाती है। यहाँ पहुँचने के बाद पानीदार आँखों वाला व्यक्ति अपने इन काँटों पर शर्मिन्दगी महसूस करता है। ट्रेन में हर समय चौकन्ना खड़ा रहने वाला हमारा एंटिना अब हमें लज्जित करने लगता है। ऑटो वाले से पहले किराया पूछकर बैठने की आदत हमें बौना बनाने लगती है। किसी पतली गली से घुमाकर ले जाते समय ऑटो वाले पर शक करने की हमारी फितरत, हमें अपनी ही नजरों में गिराने लगती है।

केरल राज्य में प्रवेश करते हुए हमारे इस मानसिक परिवर्तन में 'प्रकृति और व्यवस्था' के भौतिक परिवर्तन का सुर भी मिलने लगता है। प्रकृति हमारी अगवानी में हाथ जोड़कर खड़ी दिखाई देती है। हम उसे चलती हुई ट्रेन से भी साफ-साफ पहचान सकते हैं। छोटी-छोटी पहाड़ियों के बीच धान के लहलहाते खेत किसी अच्छे चित्रकार की पेंटिंग सरीखे लगते हैं। केले और नारियल के पेड़ इन पहाड़ियों और खेतों के बीच की प्रत्येक खाली जगह को भरते चलते हैं। घर से आरम्भ हुई तीन दिन पहले की यात्रा अब थकान नहीं देती। हम ट्रेन की खिड़की पर थोड़ा और पास आते हैं। और फिर प्रकृति के साथ उस गान में शामिल हो जाते हैं, जिसमें उमंग है, तरंग है, उल्लास है, निश्चारा है, सब कुछ भरा-सा है, हर कहीं हरा-सा है और सबसे बढ़कर इस संसार से छीज रही मनुष्यता भी बची हुई है।

केरल उत्तर से दक्षिण तक 580 किलोमीटर लम्बी एक पतली पट्टी पर बसा हुआ है, जिसकी अधिकतम चौड़ाई 120 किलोमीटर है। इस पट्टी को पश्चिम में समुद्र घेरे रहता है और पूरब में पश्चिमी घाट की पहाड़ियाँ। हालाँकि 1500 से 2500 मीटर की ऊँचाई वाली पश्चिमी घाट की ये पहाड़ियाँ लद्दाख की खारदुंगला

टाप की तरह दुरूह या भयावह नहीं हैं, लेकिन इतिहास में केरल ने इसे अपने लिए हमेशा से दुरूह ही माना है। वह सोचता है कि जैसे उत्तर से चलने वाली सूखी हवाएँ इन पहाड़ियों से टकराकर वापस लौट जाती हैं और केरल की नमी बरकरार रह जाती है, उसी तरह हम केरलवासियों को भी ये पहाड़ियाँ नहीं लाँघनी चाहिए। बजाय इसके उसने लाँघने के लिए सदियों से समुद्र की उस विशाल जलराशि को चुना है, जिसके पार उसका रिश्ता सिन्धुघाटी, बेबिलोनियन, सुमेरियन और रोमन सभ्यता से जुड़ता रहा है।

प्रकृति ने केरल के पास भारत के मानसून का दरवाजा भेंट किया है। वहीं से दक्षिणी-पश्चिमी मानसून भारत में प्रवेश करता है और वहीं से वापस लौटकर आराम भी। ऐसे में केरल राज्य की देह हमेशा हरी-भरी बनी रहती है। उसके रसदार होठों पर कभी फेफरी नहीं पड़ती। जून से सितम्बर तक इसे दक्षिणी-पश्चिमी मानसून भिगोता है, और उसके बाद अक्टूबर से दिसम्बर तक के तीन महीनों में उत्तर-पूर्वी मानसून। औसतन 2500 मिलीमीटर की सालाना बारिश का सबसे अधिक लाभ वहाँ की पश्चिमी घाट की पहाड़ियों को होता है, जो प्रकृति की इस नेमत को 40 नदियों की शक्ल में केरल को वापस लौटा देती हैं। इन पहाड़ियों से पश्चिम की तरफ बढ़ते हुए केरल राज्य 'मैदान का सुख' भी उठाता है। यह मैदान उसके खाद्यान्न का कटोरा है, जहाँ से पूरे राज्य का पेट भरता है। और फिर ट्रेन या बस की यात्रा करते हुए हम एक झपकी के पूरी होने से पहले ही अरब सागर के मुहाने पर पहुँच जाते हैं जहाँ केरल पूरी तौर पर दुनिया के लिए खुल जाता है। इसी मुहाने पर विश्व-प्रसिद्ध 'बैकवाटर' का निर्माण होता है। जिसके बाद अरब सागर की विशाल जलराशि केरल के विस्तार को थाम लिया करती है।

केरल जानता है कि उसके पास लद्दाख या राजस्थान जैसा क्षेत्रफल-विस्तार नहीं है कि वह अपने आपको थोड़ा व्यवस्थित कर सके। उसे देश के कुल क्षेत्रफल का लगभग सवा प्रतिशत हिस्सा ही नसीब हुआ है। इसलिए उसे जो भी करना है, तुरत-फुरत ही करना है। पहाड़ियों से उतरकर एक साँस में ही समतल पर दौड़ने लगना है। और फिर अरब सागर को सलाम ठोककर लौट आना है। वह हमें निराश भी नहीं करता। पश्चिमी घाट पर वायनाड, मुन्नार और पोनमुदी जैसे 'हिल-स्टेशन' मिलते हैं तो पेरियार टाइगर रिजर्व और थेकड़ी जैसे पर्यटन स्थल भी। उसके पास 'कोवलम' जैसा विश्व-प्रसिद्ध समुद्री किनारा भी है, और अलेप्पी, कुमारकोम, कोट्टायम, कोल्लम, कुन्नुर और कोच्चि जैसे बैकवाटर वाले जग-प्रसिद्ध स्थान भी। और फिर पश्चिमी किनारे पर 500 किलोमीटर से अधिक लम्बा समुद्र तट तो है ही।

प्रकृति की इस बख्शी हुई नेमत को केरल ने दोनों हाथों से सँजोया है। वह जानता है कि प्रकृति ने उसे विशिष्ट बनाया है तो उसे मानव निर्मित व्यवस्था में भी विशिष्ट ही बने रहना है। 14 जिले वाले इस राज्य की जनसंख्या लगभग 3 करोड़

34 लाख है, जिसे केरल ने वितरण के हिसाब से विशिष्ट बना दिया है। मसलन स्त्री-पुरुष अनुपात को लीजिए। भारत के औसत अनुपात 939/1000 को केरल ने स्त्रियों के पक्ष में 1084/1000 से पलट दिया है। देखने में यह बात भले ही सामान्य लगती है, लेकिन जब आप इसे अपने देश पर लागू करने के लिए सोचते हैं तो कोई भी अन्य भारतीय राज्य इसके सामने टिक नहीं पाता। और फिर जनसंख्या वृद्धि दर के मसले पर भी शेष भारत केरल से काफी कुछ सीख सकता है। जहाँ हमारी राष्ट्रीय वृद्धि दर 17 प्रतिशत के आस-पास है, वहीं केरल ने उसे 4 प्रतिशत पर सीमित करके एक बड़ा उदाहरण प्रस्तुत किया है। यही विशिष्टता केरल में साक्षरता के स्तर पर भी दिखाई देती है। इसने देश को 1990 में पहला पूर्ण साक्षर जिला 'एर्नाकुलम' देने का श्रेय हासिल किया है। और एक साल बाद 1991 में पूरे राज्य को 'पूर्ण साक्षर राज्य' के रूप में प्रस्तुत करने का भी। सन् 1956 में गठन के समय जिस राज्य की आधी आबादी निरक्षर रही हो, उस राज्य की यह उपलब्धि गर्व करने लायक तो है ही।

ग्रामीण आबादी के हिसाब से भी केरल का प्रदर्शन आदर्श है। यहाँ के गाँव देश के अन्य राज्यों के गाँवों की तरह हाशिये पर छूट गये गाँव नहीं हैं। वरन वे भी राज्य की मुख्य धारा के साथ जुड़े हुए हैं। एक साथ गुच्छ बनाकर बसने की बजाय, उन्होंने पूरी जगह लेकर और पूरी दूरी बनाकर सम्पूर्ण केरल को ही एक बड़े गाँव में बदल दिया है। इसे मातृसत्तात्मक (मुरुमुक्तायम) व्यवस्था का असर कहें, या कि आजादी के पूर्व से चलने वाले सामाजिक-सुधार और वाम-आन्दोलनों का, केरल सम्पत्ति के वितरण के हिसाब से भी एक आदर्श प्रस्तुत करता है। यहाँ न तो 'एंटीलिया' जैसी चोटियाँ हैं और न ही धारावी और जोगेश्वरी जैसी खाइयाँ। इस राज्य ने प्रति-व्यक्ति आय और सम्पत्ति की भारी-भरकम उपलब्धता के आधार पर अन्य राज्यों से प्रतियोगिता करने से परहेज किया है। और विकास के वास्तविक पैमाने–'मानव विकास सूचकांक' को अपने लिए चुना है, जिसके शीर्ष पर वह विराजमान है। बेशक कि यह राज्य धार्मिक आधार पर बहुत गहरे विभाजित है, लेकिन साम्प्रदायिकता के आधार पर नहीं। जिस राज्य में हिन्दू 54 प्रतिशत, मुसलमान 27 प्रतिशत और ईसाई 19 प्रतिशत की संख्या में रहते हों, वहाँ के समाज में साम्प्रदायिक विभाजन और तनाव की कहानियाँ बिरले ही सुनाई देती हैं।

केरल उत्तर-भारतीय पर्यटकों के लिए अपने धुर दक्षिणी किनारे तिरुवनन्तपुरम से खुलता है। कारण यह कि एक तो उत्तर-भारतीयों के आकर्षण वाले तमिलनाडु के दो बड़े पर्यटक स्थल यथा–रामेश्वरम् और कन्याकुमारी–उसे तिरुवनन्तपुरम के मुहाने पर पहुँचा देते हैं। और दूसरे ऐसे पर्यटक, जो सिर्फ केरल घूमने के लिए आते हैं, वे भी एकबारगी धुर दक्षिण में तिरुवनन्तपुरम पहुँचकर वहाँ से उत्तर की तरफ बढ़ना चाहते हैं। शायद अपने मन को तसल्ली देने के लिए कि अब वे अपने घर

की तरफ बढ़ रहे हैं। लेकिन इसका नुकसान केरल के उत्तरी जिलों को होता है। वहाँ तक पहुँचते-पहुँचते सामान्यतया उत्तर भारतीय पर्यटकों की साँस फूल जाती है। वे या तो कोच्चि से वापसी की ट्रेन पकड़ लेते हैं या वहाँ से तमिलनाडु के पर्यटन स्थलों का रुख कर लेते हैं।

वैसे इसकी एक व्याख्या यह भी है कि इसके लिए केरल की खूबसूरती ही जिम्मेदार है। जब हम तिरुवनन्तपुरम से केरल में प्रवेश करते हैं तो कोच्चि पहुँचते-पहुँचते कोवलम का विश्व-प्रसिद्ध किनारा घूम चुके होते हैं। कोल्लम, कुमारकोम और अलेप्पी का बैकवाटर भी। थेकड़ी और मुन्नार की पहाड़ियाँ भी। पेरियार टाइगर रिजर्व जैसा प्रसिद्ध अभयारण्य भी। और कोच्चि जैसा पुरातन और आधुनिक शहर भी। ऐसे में हमारी यात्रा लम्बी दिखाई देने लगती है क्योंकि उसमें वापसी के तीन दिन भी जोड़ने होते हैं। विडम्बना यह कि केरल में देखी गयी जगहें फिर से सैलानियों को 'एक बार और एक बार और' की हसरत पैदा करते हुए तिरुवनन्तपुरम में पटक देती हैं, जहाँ से कोच्चि तक जाते-जाते वह पुनः थक जाता है। वैसे मैं चाहता हूँ कि केरल की अपनी तीन यात्राओं और मित्रों के अनुभवों को आप सुधी पाठक खारिज कर दें। क्योंकि ऐसा होने पर कम से कम मुझे इस बात की प्रसन्नता तो होगी कि जो काम मैं चाहकर भी नहीं कर पाया हूँ, उसे किन्हीं और मित्रों-सैलानियों ने जरूर पूरा किया है।

तिरुवनन्तपुरम केरल की राजधानी है और कोच्चि के बाद दूसरा बड़ा शहर भी। लेकिन यह शहर उस खाके में फिट नहीं बैठता, जो किसी राज्य की राजधानी को लेकर हमारे मन में कंक्रीट के जंगलों से निर्मित होता है। लगता है कि यह शहर मुख्य रूप से पेड़ों के झुरमुटे में बसा हुआ शहर है। हालाँकि आज से दो-तीन दशक पहले इस उपमान को आप चाहें तो जंगलों के बीच बसे हुए शहर के रूप में भी लिख/पढ़ सकते थे। अफसोस...कि इन दो-तीन दशकों के विकास ने अब उन उपमानों को हमसे छीन लिया है। फिर भी समुद्र के किनारे पर बसे हुए इस शहर को हरी-भरी राजधानी के रूप में देखने के लिए घूमा जा सकता है। यहाँ दो आकर्षण सामान्यतया पर्यटकों के निशाने पर रहते हैं। एक कोवलम का किनारा और दूसरा हिन्दुओं का प्रसिद्ध तीर्थस्थल 'पद्मनाभस्वामी मन्दिर'।

कोवलम का किनारा भारत की मुख्यभूमि से लगने वाला सबसे बेहतर समुद्री किनारा है। यहाँ का समुद्र हमें काफी भीतर जाने की इजाजत देता है। किनारे का बालू पैरों में बिल्कुल भी नहीं लगता। लहरें सीधे आकर किनारे से टकराती हैं। और परिदृश्य की हरियाली इसमें चौथा चाँद भी जोड़ती चलती है। मगर अफसोस कि जो पाँचवीं बात इसके बारे में लगभग एक दशक पहले तक बड़े आदर और सम्मान के साथ कही जाती थी, अब उसका जिक्र आते ही हमें शर्मिन्दगी उठानी पड़ती है। बात इसके किनारे की सफाई से जुड़ी हुई है। बेशक कि यदि आपके

पास तुलना करने के लिए मुम्बई के जुहू और चौपाटी 'बीच' का पैमाना है, तो आज भी आपको कोवलम का किनारा साफ ही लगेगा। लेकिन यदि हम इसकी तुलना दुनिया के प्रसिद्ध किनारों से करने की कोशिश करते हैं, या कि इसके स्वयं के एक-दो दशक पुराने मानदण्डों पर ही करते हैं, तो आज के दिन में कोवलम का किनारा हमें बेहद निराश करता है। अपने ही देश में हैवलाक द्वीप (अण्डमान) के 'राधानगर बीच' से इसकी तुलना करने पर 'कोवलम बीच' को उत्तीर्ण होने लायक अंक पाने के लाले पड़ जाते हैं। इसका सबसे बड़ा समर्थक भी इन दोनों के बीच उन्नीस-बीस के अन्तर वाले मुहावरे को प्रयुक्त नहीं करना चाहता, वरन् बड़े अन्तर को प्रदर्शित करने के लिए कोई अन्य मुहावरा चुनता है। यह एक तरह की चेतावनी भी है कि आने वाले दिनों में हम समूचे केरल को कैसा बनाने जा रहे हैं। बेशक कि मुख्यभूमि से जुड़ाव और उसकी अपनी पुरानी साख के कारण यहाँ पर देशी और विदेशी सैलानियों का जमघट बना रहता है।

कोवलम का किनारा

हम तिरुवनन्तपुरम शहर की तरफ बढ़ते हैं। यहाँ आने वाला लगभग प्रत्येक हिन्दू पर्यटक पद्मनाभस्वामी मन्दिर की तरफ मुड़ता है। हमारा 'यात्रा-सहयोगी' भी उस लकीर को सुबह से पकड़ने के लिए बेचैन है। हम चाहते हैं कि इस शहर की प्राकृतिक विरासत को देखें, उसका लुत्फ उठायें, लेकिन वह पद्मनाभस्वामी मन्दिर को दिखाकर जैसे निश्चिन्त हो जाना चाहता है कि तिरुवनन्तपुरम के पर्यटन का हमारा-उसका आपसी करार पूरा हो गया।

मुख्यतः दक्षिणी भारतीय शैली में बना भगवान विष्णु का यह मन्दिर काफी पुराना है। मिथकों का सहारा लिया जाये तो उस हिसाब से यह मन्दिर इस शहर और इस राज्य की उत्पत्ति से भी पहले का ठहरता है। वैसे इसका प्रामाणिक ज्ञात इतिहास भी कई सदियों का सफर तय करता है। इसके वर्तमान स्वरूप का निर्माण ट्रावनकोर के राजा मार्तंड वर्मा ने सन् 1733 में कराया था। मन्दिर का गोपुरम कितना बड़ा है, यहाँ कितने लोग प्रतिदिन दर्शन के लिए आते हैं और यहाँ कितना चढ़ावा चढ़ता है, जैसे सवालों को दरकिनार करते हुए हम अपने सामने उठने वाले दो बड़े सवालों से टकराने का प्रयास करते हैं। एक, कि आखिर इस मन्दिर के पास सम्पत्ति कितनी है और वह आयी कहाँ से...? और दूसरा सवाल यह कि इसमें प्रवेश को लेकर अभी भी मध्ययुगीन परम्पराएँ क्यों कायम हैं...? जैसे कि यहाँ साफ-साफ लिखा गया है कि इस मन्दिर में गैर-हिन्दुओं का प्रवेश वर्जित है। और यह भी कि इसमें प्रवेश करने के लिए हिन्दू पुरुषों को कमर के नीचे धोती पहनना और कमर के ऊपर नंगे बदन रहना अनिवार्य है। जबकि स्त्रियाँ यहाँ पर सिर्फ और सिर्फ साड़ी पहनकर ही प्रवेश कर सकती हैं।

पहले मन्दिर की सम्पत्ति को ही लें। वर्ष 2011 में सुप्रीम कोर्ट के निर्देश पर इस मन्दिर के कुल ज्ञात सात तहखानों में से छः के दरवाजे खोले जा चुके हैं और उनसे कुल मिलाकर लगभग 2 लाख करोड़ रुपये की सम्पत्ति का पता चला है। मन्दिर से जुड़े जानकार लोग बताते हैं कि उस नहीं खोले गये सातवें तहखाने में अकेले ही इन सभी छहों तहखानों के बराबर की सम्पत्ति मौजूद है। हालाँकि प्रलय और अनिष्ट का भय दिखाकर अभी तक वह सातवाँ तहखाना नहीं खोला जा सका है। फिर भी एक मोटा-मोटी हिसाब के अनुसार इस मन्दिर के तहखानों में लगभग 5 लाख करोड़ रुपये की सम्पत्ति मौजूद है। ये पाँच लाख करोड़ रुपये कितने होते हैं, इसको समझने के लिए यह उदाहरण काफी होगा कि यह राशि भारत के कुल रक्षा बजट की लगभग दोगुनी है। और लगे हाथ यह भी कि किसी भी राज्य का बजट इस राशि के बराबर का नहीं है।

मन्दिर समर्थक यह तर्क देते हैं कि यह सम्पत्ति ट्रावनकोर राज-परिवार की है। उसने लुटेरों और आतताइयों से राज्य की सम्पत्ति को बचाने के लिए इसे मन्दिर के नीचे बने तहखानों में छिपा दिया था। लेकिन राज-परिवार के पास इतनी बड़ी सम्पत्ति आखिर आयी कहाँ से...? जाहिर है कि सम्पत्ति का यह विशालकाय संकेंद्रण अन्ततः राज्य की सम्पत्ति के तौर पर ही हुआ होगा। इतिहास में ऐसे अनाचारी संकेंद्रण भरे पड़े हैं, जिसमें एक तरफ राज्य की जनता अभावों और गुरुबतों में जीवन काटती होती है और दूसरी तरफ सम्पत्ति के विशालकाय केन्द्र खड़े होते रहते हैं। लेकिन अब, जबकि इन केन्द्रों का रहस्य सामने आ चुका है तो क्यों नहीं इस पैसे को वापस राज्य को लौटा दिया जाये। प्रलय और अनिष्ट के काल्पनिक खतरों

से इस देश और समाज को शताब्दियों तक भरमाया गया है। उसे प्रताड़ित किया गया है, अँधेरे में रखा गया है। लेकिन अब इस वैज्ञानिक चेतना के दौर में हमारे समाज को अनिवार्यतः इन जकड़नों से बाहर निकलना चाहिए। प्रथमतः और अन्ततः यह पैसा जनता का है और इसे जनता की भलाई में खर्च किया जाना चाहिए। इन खुलासों के चार वर्ष बीत जाने के बाद भी जिस तरह से सरकार और मन्दिर प्रशासन इस पर कुण्डली मारकर बैठा हुआ है, उससे तो तय है कि उनकी मंशा क्या है। यह ऐसा विवाद है जिसे सुलझाने के लिए अदालती कार्रवाई के साथ-साथ जन-कार्रवाई की भी जरूरत है।

अब मन्दिर से जुड़े दूसरे सवाल पर लौटते हैं। आखिर केरल का जो समाज इतना विकसित है, इतना आधुनिक है, उसके बीचोबीच बने इन मन्दिरों में यह मध्ययुगीन अन्धकार क्यों छाया हुआ है? आखिर यह कौन सा केरल है जो पद्मनाभस्वामी, गुरुवायुर, कलाडी और सबरीमाला के मन्दिरों में दिखाई देता है...? वैज्ञानिक चेतना और सहिष्णुता वाला बाहरी समाज इन मन्दिरों के पास आते ही क्यों इतना असहिष्णु और प्रतिगामी होने लगता है...? इनके भीतर इतनी कट्टरता और जाहिलियत आखिर कहाँ से पैदा होती है...? जिस उत्तर भारतीय समाज को हम उसकी दकियानूसी और पिछड़ेपन के लिए कोसते हैं, उसके यहाँ के मन्दिरों में तो इतनी प्रतिगामिता नहीं पायी जाती। मतलब आधुनिक समाज वाले केरल के मन्दिर, पिछड़े समाज वाले उत्तर भारतीय मन्दिरों से भी गयी-गुजरी परम्पराओं को ढो रहे हैं। लेकिन क्यों...? यह सवाल बार-बार बेचैन करता है। हमारे मन और विवेक को मथता है कि इसकी जड़ों तक पहुँचने का प्रयास किया जाये। यह जो सतह पर तैरती हुई काई दिखाई दे रही है, इतना तो तय है कि इसके भीतर का पानी कहीं न कहीं सड़ा हुआ है। और यह काई उसी सड़न से गन्दगी खींच रही है।

इनकी जड़ों की तलाश हमें केरल के इतिहास को खँगालने के लिए प्रेरित करती है। इतिहास यह कहता है कि मसालों और व्यापार के लिए प्रसिद्ध इस समाज में जब बाहरी लोगों का हस्तक्षेप हुआ, तो उसमें यह नयी हलचल शुरू हुई। ये बाहरी लोग 'नम्बूदरी ब्राह्मण' के रूप में केरल में आये, जिन्होंने मन्दिरों को केन्द्र बनाकर अपना जाल फैलाया। उन्होंने इस राज्य के मिथकीय उद्गम की कहानी गढ़ी, कि महर्षि परशुराम ने अपने 'फरसे' से केरल को समुद्र से अलग किया था। या कहें तो समुद्र को पीछे धकेल दिया था और केरल की यह जमीन अस्तित्व में आयी थी। उन्होंने ही इस 'भूभाग' को सँभालने की जिम्मेदारी नम्बूदरी ब्राह्मणों के ऊपर आयत की। जाहिर है इस मिथकीय व्याख्या की जड़ें उस सूत्र में छिपी हैं, जिसमें मुट्ठी भर 'नम्बूदरी ब्राह्मण' केरल के समाज पर कब्जा जमाने का प्रयत्न करते हैं। जैसे वे यह कहना चाहते हैं कि आप जिसे केरल राज्य की जमीन समझते हैं, वह तो परशुराम के 'फरसे' की नेमत है। और जब वह जमीन परशुराम ने अपने फरसे

से पैदा की है, तो उस पर अधिकार भी उनके अनुयाइयों का ही हुआ।

नम्बूदरी ब्राह्मणों द्वारा प्रतिपादित केरल की उत्पत्ति का यह सिद्धान्त चल निकला। पूरे राज्य में उन्होंने 32 जगहों पर मन्दिरों की स्थापना की। ये मन्दिर धीरे-धीरे धर्म के केन्द्र के रूप में उभरने लगे। आठवीं सदी में शंकराचार्य के उदय ने तो जैसे इनके पक्ष में पासा ही पलट दिया। वे भी नम्बूदरी ब्राह्मण ही थे। उस दौर में बड़े राज्यों का विघटन हो रहा था, केन्द्रीय शक्तियाँ छीज रही थीं और छोटे राज्य आकार ले रहे थे। इन छोटे राज्यों के शासकों ने दिल खोलकर मन्दिरों की सहायता की। बदले में इन नम्बूदरी ब्राह्मणों ने इन्हें शासक के रूप में ईश्वरीय इच्छा का परिणाम करार दिया। कुल आबादी के एक प्रतिशत से भी कम हिस्सा होने के कारण नम्बूदरी ब्राह्मणों के लिए यह आवश्यक था कि वे समाज में अपनी श्रेष्ठता भी साबित करें और उसे इस तरह से विभक्त भी करें कि वह समाज उनकी व्याख्या को स्वीकार कर ले। वे जानते थे कि यह ताकत धर्म और जाति के भीतर ही सम्भव दिखाई देती है। उसी के भीतर अत्याचार को झेलने वाला, उसे अपनी नियति मानकर सहन भी करने लगता है। उन्होंने वही किया और पूरा समाज नीचे से ऊपर तक जातियों में विभाजित हो गया। अब मन्दिर पूरी व्यवस्था के केन्द्र के रूप में उभरकर सामने आये। और नम्बूदरी ब्राह्मणों की प्रभुसत्ता सामाजिक, राजनीतिक और आर्थिक क्षेत्र में भी स्थापित हो गयी।

इस जाति विभक्त सामाजिक संरचना में नम्बूदरी ब्राह्मण शीर्ष पर माने गये और उनके नीचे शासक नायर जाति के लोग। बहुसंख्यक थियाज और इझावा जातियाँ इस संरचना में बिल्कुल ही अमानवीय स्थिति में धकेल दी गयीं। पूरा समाज इस तरह से बँटा हुआ था कि हर कोई एक-दूसरे से ऊपर या नीचे हो गया था। कोई बराबर नहीं था। नम्बूदरी के नीचे की जाति नायर उससे 16 फीट की दूरी बनाकर चलती। इझावा 32 फीट की और पुलाया 64 की। और ये सभी अपने आपको भाग्यशाली समझते, क्योंकि 'नायड' जाति को तो इनके सामने दिखाई देने की ही मनाही थी। नम्बूदरी ब्राह्मण के बड़े लड़के की शादी होती थी, और शेष लड़के 'सम्बन्धम' की अराजक व्यवस्था का सुख उठाते थे। इसके अनुसार कोई भी नम्बूदरी ब्राह्मण किसी भी गैर-नम्बूदरी लड़की के साथ बिना शादी के रह सकता था। उन दोनों से पैदा हुई सन्तान वैध मानी जाती थी, लेकिन उसके पालन-पोषण की जिम्मेदारी से नम्बूदरी पुरुष मुक्त हुआ करता था। सारी देखभाल उस गैर-नम्बूदरी औरत पर आयत होती थी, जो 'सम्बन्धम' से जुड़ी होती थी। ऐसा लगता है कि केरल में गैर-नम्बूदरी जातियों के बीच में प्रचलित 'मातृसत्तात्मक' (मुरुमुक्तायम) व्यवस्था के पीछे यह धारणा भी काम करती होगी कि इस अमानवीय व्यवस्था 'सम्बन्धम' के होते हुए स्त्रियों के पास घर का मालिकाना हक होना चाहिए। हालाँकि इसे समाज-वैज्ञानिक बेहतर बताएँगे, लेकिन इस आधार पर जब हम वहाँ प्रचलित 'मातृसत्तात्मक' व्यवस्था

को देखते हैं, तो उसके प्रति कोई खास आदर और सम्मान नहीं बचता है।

एक नम्बूदरी पुरुष, चाहे वह विवाहित हो या अविवाहित, पाँच 'सम्बन्धम' में रह सकता था। आप कल्पना कीजिए कि उस समाज की मानसिक निर्मिति कैसी बनी होगी, जिसमें एक जाति के पास इस तरह का विशेषाधिकार हो और दूसरी तरफ पीड़ित जातियाँ उसे ईश्वरीय आदेश मानकर स्वभावतः पालन करने लगती हों। स्वयं नम्बूदरी समाज के भीतर भी महिलाओं की स्थिति बहुत दयनीय थी। चूँकि नम्बूदरी परिवारों में सिर्फ बड़े लड़के की ही शादी होती थी और नम्बूदरी लड़की के लिए शेष जातियों में विवाह की मनाही थी, इसलिए काफी बड़ी संख्या में नम्बूदरी लड़कियाँ कुँवारी रह जाती थीं। ऐसे समाज में भीतर-भीतर क्या कुछ घटित होता होगा, कल्पना की जा सकती है।

कई बार सवर्ण जातियों की तरफ से अवर्ण जातियों पर यह आरोप लगाया जाता है कि स्वतन्त्रता आन्दोलन के दौरान इनके नेताओं ने अंग्रेजों के विरुद्ध वैसी मुकम्मल लड़ाई नहीं छेड़ी जैसी कि आवश्यकता थी। उनके अनुसार इन लोगों ने उसमें सामाजिक आन्दोलनों को घुसाकर स्वतन्त्रता आन्दोलन को कमजोर किया। यह आरोप सिर्फ केरल के सामाजिक आन्दोलनों पर ही नहीं, वरन् पूरे देश के सामाजिक आन्दोलनों पर लगाया जाता है। जाहिर है, इसमें अज्ञानता तो है ही, सामाजिक श्रेष्ठता से अभी भी उबर नहीं पाने की मानसिक निर्मिति भी है।

दरअसल आजादी के बाद भी देश की मुख्यधारा ने जातिगत मनोभावों को सम्बोधित करने का कोई खास प्रयास नहीं किया। जैसे हमने पाठ्यक्रमों में स्वतन्त्रता आन्दोलन को तो जोर-शोर से पढ़ाया, लेकिन सामाजिक आन्दोलनों को गौण ही रखा। और फिर सवर्ण समाज के भीतर तो इन दूषित मनोभावों को लेकर कोई बहस ही नहीं हुई। क्या ही अच्छा होता कि सामाजिक समरसता के लिए दोनों तरफ से प्रयास किया गया होता। जब पिछड़ी और दमित जातियाँ सामाजिक आन्दोलन चला रही थीं, तो सवर्ण और विशेषाधिकार प्राप्त जातियाँ अपनी ऐतिहासिक गलतियों को सुधारने का प्रयास करतीं और उस आन्दोलन में भागीदार बनतीं। मगर अफसोस कि उन्होंने भागीदारी के बजाय इन सामाजिक आन्दोलनों का सामान्यतया विरोध ही किया। मुझे याद है कि जब उत्तर प्रदेश में बहुजन समाज पार्टी उभार ले रही थी और उसने अपने नायकों के रूप में डॉ. आम्बेडकर, पेरियार, ज्योतिबा फुले और नारायण गुरु जैसे समाज सुधारकों का नाम लेना आरम्भ किया था, तो सवर्ण जातियों के मध्य इन समाज-सुधारकों के लिए भी कटुता उत्पन्न हो गयी थी। इन्होंने इन नायकों के बारे में जानने की कोशिश तक नहीं की, वरन इसके उलट इन नायकों का इसलिए विरोध किया, क्योंकि दलित जातियों ने इन्हें अपने 'आइकन' के रूप में चुना था।

केरल में नम्बूदरी ब्राह्मण पुजारी, कवि, भाषाविद्, ज्योतिषी, व्यापारी और मध्यस्थ तो हुए, लेकिन उनके बीच से कोई सामाजिक सुधारक पैदा नहीं हुआ। किसी ने आगे

बढ़कर यह नहीं कहा कि 'सम्बन्धम' की यह अमानवीय प्रथा क्यों है...? देवदासी जैसी धूमिल परम्परा क्यों चल रही है? अवर्ण जातियों को चप्पल, छाता, अच्छे कपड़े और आभूषण पहनने की क्यों मनाही है...? उनके मन्दिर में प्रवेश करने से ईश्वर पर कौन सी आफत टूट पड़ती है...? उनकी परछाईं पड़ने पर नम्बूदरी का दिन क्यों खराब हो जाता है? उनके लिए दण्ड के अलग से कठोर प्रावधान क्यों हैं...? उनकी स्त्रियाँ कमर से ऊपर कपड़ा क्यों नहीं पहन सकती हैं, यह आश्चर्यजनक लगता है कि एक नम्बूदरी ब्राह्मण अद्वैतवाद जैसी गूढ़ गम्भीर चीज को तो डिकोड कर सकता था, लेकिन वह मनुष्य बनने की न्यूनतम आवश्यकताओं को समझने में नाकाम रहा...। अफसोस...कि केरल में नम्बूदरी ब्राह्मणों को 'आदमी' बनाये जाने का आन्दोलन बहुत देर से हुआ। और वह भी बहुत सीमित पैमाने पर। शायद इसीलिए स्वामी विवेकानन्द ने 'केरल के समाज को एक पागलखाने' की संज्ञा दी थी।

सदियों तक केरल के समाज में यह व्यवस्था कायम रही, जब तक कि 19वीं सदी के उत्तरार्ध में समाज सुधारकों ने इसका प्रतिरोध नहीं किया। पहले नारायण गुरु और फिर अयन्कली और अयप्पन जैसे अन्य समाज सुधारकों ने मुट्ठी भर लोगों के इस विशेषाधिकार को चुनौती दी। उन्होंने स्पष्टतया कहा कि 'सम्बन्धम' की व्यवस्था बिना किसी सामाजिक जिम्मेदारी की यौन विलासिता है। इन आन्दोलनों ने अपने लोगों को संघर्ष के लिए संगठित किया और समाज में समान अधिकार के लिए लड़ाई शुरू हुई। मन्दिर प्रवेश आन्दोलन इस लड़ाई का एक महत्त्वपूर्ण सिम्बल बना। मोपला विद्रोह और वायकाम सत्याग्रह भी मुख्यतया विशेषाधिकारों की समाप्ति और समानता की प्राप्ति के लिए चलाये जाने वाले आन्दोलन ही थे। अन्ततः 1930 के दशक में मन्दिर सबके लिए खुले। सबके लिए मतलब प्रत्येक हिन्दू के लिए। समय के साथ सामाजिक आन्दोलनों ने अवर्ण जातियों के भीतर वह आत्मविश्वास पैदा किया, जिसमें न सिर्फ उन्होंने अमानवीय प्रथाओं को चुनौती दी, वरन उससे आगे बढ़कर प्रगतिशील और वैज्ञानिक चेतना से लैस समाज की नींव भी रखी। समता, बन्धुता, सह-अस्तित्व जैसे सार्वभौमिक और साक्षरता तथा मानव विकास सूचकांक जैसे आधुनिक मूल्यों पर आधारित समाज आज के केरल की विरासत है। और यह विरासत एक अमानवीय अतीत को पीछे छोड़कर तैयार हुई है। समय और समाज ने नम्बूदरी ब्राह्मणों के अस्तित्व को केरल के समाज में नगण्य बना दिया है। मगर अफसोस...कि आज भी मन्दिरों में उनकी मूर्खताएँ कायम हैं।

दरअसल यह जो केरल के समाज में समरसता और प्रगति दिखाई देती है, और वहाँ के मन्दिरों में संकीर्णता और पिछड़ापन, तो यह उस मरती हुई व्यवस्था को नम्बूदरी ब्राह्मणों द्वारा वेंटिलेटर पर जिलाए रखने की एक नाकाम कोशिश है। ऐसे में केरल को प्रचारित करने के लिए जिस टैग लाइन 'God's Own Country' (ईश्वर का अपना देश) का उपयोग किया जाता है, उसे सुधारने की जरूरत है।

जिस समाज में ईश्वर का उपयोग समाज को पीछे धकेलने के लिए हुआ हो, उसकी टैग लाइन 'ईश्वर का अपना देश' कैसे हो सकती है। यह तो आदमी है, जिसने ईश्वर को पीछे धकेलकर इस समाज को आगे किया है। ऐसे में इस राज्य की टैग लाइन 'आदमी का अपना देश' होनी चाहिए। आप चाहें तो आदमी के साथ-साथ 'प्रकृति' शब्द को भी इस टैग लाइन में जोड़ सकते हैं।

बहरहाल इस यात्रा में जब हम लोग तिरुवनन्तपुरम के होटल से निकल रहे थे, तो एक ग्रुप बेहद दुखी मन से पद्मनाभस्वामी मन्दिर से लौटा था। उसका दुःख यह था कि उनके साथ एक अंग्रेज महिला थी, जिसे मन्दिर प्रशासन ने 'गैर-हिन्दू' होने के कारण मन्दिर में प्रवेश नहीं करने दिया था। मेरी इच्छा थी कि मैं उन्हें इस पूरे मसले को विस्तार में समझाऊँ। लेकिन अलेप्पी के लिए ट्रेन पकड़ने की मजबूरी ने यह अवसर नहीं दिया। फिर भी चलते-चलते उनसे इतना तो कह ही दिया कि "आप नाहक दुखी हैं। हम तीनों (मैं, पत्नी और बेटा) तो अन्दर जा सकते थे, लेकिन यहाँ के अतीत और ड्रामे को देखकर हमने एकमत से इसके विरुद्ध गवाही दी है। और अब हम लोग खुशी-खुशी अलेप्पी जा रहे हैं।"

अलेप्पी में बैकवाटर

अब हम केरल के उस चेहरे के नजदीक पहुँचना चाहते हैं, जिसके लिए वह दुनिया भर में प्रसिद्ध है। जी हाँ...में 'बैकवाटर' की बात कर रहा हूँ। केरल में उत्तर से दक्षिण तक इसके कई गुच्छ पाये जाते हैं। लगभग 1500 किलोमीटर का इसका फैलाव पूरे समुद्री किनारे को समृद्ध करता है। हम भी 'सर्वोत्तम के विकल्प' का

दरवाजा खटखटाते हैं, और 'केरल के वेनिस' के रूप में विख्यात 'अलेप्पी' (नया नाम अलपुझा) शहर में प्रवेश करते हैं। हाँ...नाम पर ध्यान आया कि हमने मद्रास को चेन्नई, बम्बई को मुम्बई और कलकत्ता को कोलकाता में बदलते हुए देखा है, तो उसकी जड़ें भी केरल से ही जुड़ती हैं। सन् 1990 में इस राज्य ने अपने कई शहरों के नामों को बिना किसी शोरगुल के परिवर्तित कर दिया था। अलेप्पी उस समय से अलपुझा कहलाने लगा।

———केट्टूवलम———

पहली नजर में अलेप्पी एक शान्त और अलसाया हुआ शहर लगता है। लेकिन बैकवाटर के मुहाने पर जाकर यह दुनिया के लिए खुल जाता है। निशानात बताते हैं कि कभी अलेप्पी शहर भी 'बैकवाटर' से जवान रहा होगा। मगर आज बस उसकी सड़न ही बाकी रह गयी है। हम उस सरकारी 'नाव स्टेशन' की तरफ बढ़ते हैं, जहाँ से बैकवाटर की सैर के लिए 'केट्टूवलम' (नावें) खुलती हैं। यहाँ अपनी जेब के अनुसार चुनाव किया जा सकता है। यदि आप पैसे वाले हैं तो कश्मीर की 'डल झील' की तरह यहाँ भी आप शिकारे का लुत्फ उठा सकते हैं। सैकड़ों या कहें तो हजारों की संख्या में तैरते हुए ये शिकारे अलेप्पी के 'बैकवाटर' को जवान किये रहते हैं। बस शर्त यह है कि इनमें घूमने के लिए आपकी जेब भी जवान होनी चाहिए। 24 घण्टे के लिए लगभग 5 से 7 हजार रुपये तक। लेकिन यदि आप एक सामान्य पर्यटक हैं तो सरकारी 'केट्टूवलम' पर अस्सी रुपये देकर दो घण्टे तक 'बैकवाटर' का नजारा ले सकते हैं। और यदि आप मितव्ययी पर्यटक हैं तो यहाँ के बैकवाटर

के किनारों पर बसे हुए गाँवों के लिए चलने वाले 'केट्टूवलम' में सात रुपये का टिकट कटाकर बैठ जाइये। वह आपको अपने रूट के गाँवों की सैर कराता हुआ दो घण्टे में वापस उसी 'केट्टूवलम' स्टेशन पर छोड़ देगा।

भारत में 'बैकवाटर' सिर्फ केरल में ही आकार लेता है। दरअसल यहाँ की सारी महत्त्वपूर्ण नदियाँ इस राज्य के पूर्वी छोर पर स्थित पश्चिमी घाट की पहाड़ियों से निकलती हैं और पश्चिम की तरफ बढ़ते हुए अरब सागर में मिलती हैं। जब ये नदियाँ पचास-सौ किलोमीटर की यात्रा करके अरब सागर के मुहाने पर पहुँचती हैं, तो वहाँ के किनारे इतने तीखे नहीं होते कि ये आसानी से अरब सागर में समा जायें। इस संगम का उथलापन पानी को रोकता है। वहाँ एक ऐसा सन्तुलन बनता है कि ज्वार के समय समुद्र का पानी इन नदियों में आता है और 'भाटा' के समय इन नदियों का पानी समुद्र में। पेरार, पेरियार, पम्पा, कुंथिपुझा, चन्द्रगिरीपुझा, कोरापुझा और चेलियार जैसी नदियाँ इन मुहानों पर झील और लैगून का निर्माण करती हैं। यही पानी पीछे हटते हुए वापस केरल की मुख्य भूमि की तरफ फैलने लगता है, जिसे हम 'बैकवाटर' के नाम से जानते हैं। कहते हैं कि यूरोपीय देश हालैंड में ही केरल जितना खूबसूरत 'बैकवाटर' मौजूद है, अन्यत्र कहीं नहीं।

बैकवाटर के किनारे बसे गाँव (अलेप्पी)

प्रकृति की इस नेमत को केरल के समाज ने दोनों हाथों से थामा है। मानव निर्मित नहरों के सहारे 'बैकवाटर' के जाल को गाँवों तक फैला दिया गया है। मछली पालन और सम्पर्क मार्ग के अलावा इस राज्य के पर्यटन का एक बड़ा हिस्सा इनसे

आकार लेता है। दक्षिणी केरल में 'अष्टमुदी' और मध्य केरल में सबसे बड़ी झील 'वेम्बनाड' इसे थामे रहती है। इसमें केट्टूवलम पर यात्रा करते हुए आपको एक दूसरी दुनिया दिखाई देती है। बिना हलचल के शान्त लेकिन साफ पानी की इन नहरों के दोनों किनारों पर नारियल के पेड़ कतार बाँधे खड़े हैं। इनके पीछे के झुटपुटे में गाँव बसे हुए हैं। और उनके पीछे खेतों में धान की फसल लहलहा रही है। बीच-बीच में केले की खेती प्रकृति के आरोह-अवरोह को भर रही है। एक तरफ जमीन पर प्रकृति द्वारा बिखेरी गयी हरियाली है, तो दूसरी तरफ पानी में घोला गया नीला रंग। और फिर इन दोनों के ऊपर आसमान की अपनी तासीर तो है ही। तीनों एक-दूसरे पर अपने रंगों को छिड़कते हैं। और फिर वह दृश्य उपस्थित होता है, जिसके लिए भाषाओं ने ठीक-ठीक शब्द नहीं गढ़े। कि जैसे मैं बेहतरीन, अद्भुत या अति-सुन्दर कह दूँ और वह मंजर सम्प्रेषित हो जाये। मगर त्रासदी देखिये कि जिस बैकवाटर ने यहाँ के पर्यटन को इतना समृद्ध किया है, उसी पर्यटन के कारण इस बैकवाटर की साँसें भी फूल रही हैं। इनमें हजारों की संख्या में चलने वाले शिकारे सिर्फ पर्यटन ही नहीं पैदा करते। वे बैकवाटर के पर्यावरण को जहर भी रसीद करते हैं। अब देखना यह है कि प्रकृति के सिखलाये गये 'सन्तुलन के सिद्धान्त' को हमारी मानव जाति याद रख पाती है या उसे भूलकर अपने भविष्य को भी भूल जाती है।

——— बैकवाटर ———

केरल की खूबसूरती यह है कि यहाँ देखने के लिए बहुत सारी जगहें हैं। लेकिन त्रासदी यह कि बतौर पर्यटक आप देखने से अधिक छोड़ते हुए चलते हैं। जैसे कि

अलेप्पी छोड़ते समय यह टीस उभरती है कि इस यात्रा में कोल्लम, थेकड़ी और पेरियार टाइगर रिजर्व पीछे छूट रहे हैं। बस खुशी की बात यह है कि पिछली दो यात्राओं के विपरीत इस बार हमने मुन्नार की राह नहीं छोड़ी है। यह राह कोच्चि को छूते हुए मुन्नार की तरफ निकलती है। और हिमालय के पहाड़ी रास्ते से डरने वाले उन लोगों के लिए बिल्कुल मुफीद है, जो वहाँ की यात्रा में न चैन से आँखें खोल पाते हैं और न ही बन्द कर पाते हैं। कोडईकनाल, ऊटी और माउंट आबू की तरह मुन्नार का रास्ता भी हिमालय के रास्तों पर चढ़ाई का पूर्वाभ्यास कहा जा सकता है। जहाँ कहने के लिए आप पहाड़ी रास्ते की यात्रा भी कर रहे हैं और समझने के लिए आपके पास डर भी नहीं फटकता। इन रास्तों पर हिमालय की तरह एक तरफ पहाड़ी तो है, लेकिन दूसरी तरफ यहाँ तुरत ही खाई नहीं शुरू हो जाती। वह इतनी दूरी बरतती है कि यात्रियों के मन में चलने वाला लुढ़कने का अज्ञात भय भी थोड़ा दूर ही चलने लगता है।

कानन-देवन पहाड़ियों पर स्थित मुन्नार शहर अपने चाय-बागानों के लिए प्रसिद्ध है। यहाँ पहुँचकर लगता है कि इसी जगह ने केरल को 'हरे जादू की जमीन' (बकौल मधुकर उपाध्याय) वाली संज्ञा बख्शी होगी। अभी तक हम तिरुवनन्तपुरम, कोवलम और अलेप्पी की जिस हरियाली पर मुग्ध हुए जा रहे थे, मुन्नार देखने के बाद उस पर पुनर्विचार करने की इच्छा होती है। इस शहर के आस-पास चाय-बागानों का एक बड़ा और सघन घेरा है। या आप इसे इस तरह से भी समझ सकते हैं कि पूरा मुन्नार शहर ही चाय-बागानों की गोद में बसा हुआ है। ये पहाड़ियाँ चाय की खेती के लिए बिल्कुल मुफीद हैं। 5 से 7 हजार फीट की ऊँचाई वाली, जहाँ पर औसतन 150 से 250 सेमी की सालाना बारिश होती है। इनकी ढलान भी 30 से 45 डिग्री वाली है, जिसमें पानी एक जगह नहीं ठहरता। और फिर 20 से 30 डिग्री तापमान के बीच भरपूर आर्द्रता वाली हवा चाय के लिए आवश्यक गर्मी और नमी उपलब्ध कराती है।

यहाँ पर चाय बागान उगाने का फैसला अंग्रेजी हुकूमत ने लिया था। पहले-पहल जब वे लोग ट्रावनकोर और मद्रास रियासत के बीच उठे जमीन विवाद को सुलझाने के लिए यहाँ पहुँचे थे, तो उनको यह जगह इसके लिए उपयुक्त लगी थी। उन्नीसवीं सदी के उत्तरार्ध आते-आते यहाँ पर चाय-बागानें अस्तित्व में आ गयीं। और फिर आजादी के बाद साठ के दशक में टाटा का यहाँ पर पदार्पण हुआ। लगभग दो दशक बाद उसका इन चाय बागानों पर नियन्त्रण हो गया। अगले दो दशकों की कहानी उसके अधिकार के खत्म हो जाने की कहानी बनी। वजह यह कि अब ये बागाने टाटा के लिए उतनी मुफीद नहीं रह गयी थीं। इस सदी के आरम्भ में चाय-बागान उद्योग में मन्दी आ गयी थी और उसी के हिसाब से टाटा अपना गणित देखकर चाय के 'ब्रांड-बाजार' की

चाय के बागान (मुन्नार)

तरफ बढ़ गया। बाद में यहाँ पर काम कर रहे लगभग 12000 कर्मचारियों की शेयर वाली एक कम्पनी 'कानन देवन हिल्स प्लांटेशन कम्पनी प्राइवेट लिमिटेड' अस्तित्व में आयी, जो आज भी चल रही है। यह कम्पनी दक्षिणी भारत में रोजगार देने वाली सबसे बड़ी निजी कम्पनी भी मानी जाती है। इसमें कर्मचारियों का शेयर लगभग 70 प्रतिशत के आस-पास है, जबकि टाटा की हिस्सेदारी 18 प्रतिशत पर सिमट गयी है।

इन पहाड़ियों में सूरज की माँ प्रतिदिन उसे नहला-धुलाकर तैयार करती है और हौसला देती है कि 'जाओ...आज धरती के इस हिस्से को चूमने की तुम्हारी इच्छा जरूर पूरी होगी'। पिछले दिनों की नाकामयाबी को भूलकर वह उठ खड़ा होता है। धरती को चूमने के लिए पहले बादलों से अनुनय विनय करता है। और चूँकि वे सुबह शुरू होने से कुछ समय पहले ही धरती पर अपना राग बजाकर सोने गये रहते हैं, तो उन्हें सूरज की विनती स्वीकार करने में कोई खास दिक्कत नहीं होती। वे उसे रास्ता दे देते हैं। लेकिन असली खेल यहाँ से शुरू होता है। सूरज को पहले लम्बे-लम्बे पेड़ों के बीच से निकलना होता है, जहाँ उसकी आधी साँस खर्च हो जाती है। फिर गझिन होती जा रही झाड़ियों से नीचे आने में उसकी बची हुई साँस भी टूटने लगती है। और जो कुछ किरणें अपनी साँस बचाकर उन झाड़ियों को पार करने में कामयाब होती हैं, उनका सामना जब चटाई की तरह जमी और बिछी हुई घासों से होता है, तो उनके पास मुँह 'बा' देने के अलावा और कोई विकल्प नहीं बचता। अब सूरज आड़े-तिरछे की बजाय सीधा खड़ा

मुन्नार की झील

हांकर हमला बोलता है कि इतने में बादलों की नींद टूट जाती है। वे अगले आधे घण्टे में सूरज को उसकी औकात बता देते हैं।

बेचारा थका-हारा सूरज शाम को अपनी माँ की गोदी में पहुँचकर सो जाता है।

हम उस सूरज को 'मुन्नार' में अनुनय-विनय करते हुए छोड़कर कोच्चि की तरफ बढ़ जाते हैं।

उत्तर प्रदेश और बिहार के विपरीत केरल में किसी शहर को छोड़ने के बाद यह अहसास नहीं होता कि हम किसी दूसरी दुनिया में आ गये हैं। यहाँ के गाँवों में बेबसी और दयनीयता वाले दृश्य दिखाई नहीं देते। वरन इसके उलट यहाँ के गाँव भी भरे-पूरे नजर आते हैं। उन्हें भी वे सारी न्यूनतम सुविधाएँ हासिल हैं जो किसी आम भारतीय को हासिल होनी चाहिए। मसला चाहे शिक्षा और स्वास्थ्य का हो, या फिर बिजली, सड़क और रोजगार का। खुशी की बात यह भी है कि सतह पर दिखाई देने वाली यह समृद्धि चकाचौंध नहीं, वरन सुकून पैदा करती है। कृषि और पर्यटन ने इस राज्य को अपने पैरों पर तो खड़ा किया ही है, आप्रवासन से आने वाली कमाई ने भी इस समृद्धि में एक बड़ी भूमिका निभाई है। धन उपार्जन के जो साधन केरल के समाज में दिखाई पड़ते हैं, वे सारे के सारे वितरण के साधन हैं। वे समाज को समृद्ध भी करते हैं और समान-समरस भी। मसलन केरल के आप्रवासन को ही लीजिए। सामान्यतया जो आप्रवासन धन का संकेन्द्रण पैदा करता है, केरल में वह विकेन्द्रित तरीके से लौटता है।

केरल से लगभग 24 लाख लोग खाड़ी के देशों में नौकरी-मजदूरी करते हैं। इसमें मुसलमानों का हिस्सा लगभग आधे का है। एक अनुमान के अनुसार लगभग दो में एक मुस्लिम परिवारों के लोग या तो खाड़ी के देशों में काम करते हैं, या

——लेखक, बागान के बीच (मुन्नार)——

काम करके लौटे होते हैं। मुस्लिम बहुल जिले मालपुरम की तो लगभग 20 प्रतिशत आबादी आप्रवासन में है। जबकि हिन्दुओं में यह तादाद पाँच परिवारों में से एक की है। आप्रवासन की इस तस्वीर को चित्रित करने में साक्षरता ने एक बड़ी भूमिका निभायी है। उसी के कारण बड़ी संख्या में महिलाएँ भी यहाँ आप्रवासन में शामिल हैं। और उन स्त्रियों की संख्या भी काफी है, जो अपने देश के विभिन्न स्कूलों और अस्पतालों में काम कर रही हैं। यहाँ के आप्रवासी लगभग हजार करोड़ रुपये प्रतिवर्ष बाहर से अपने राज्य में भेजते हैं।

हम कोच्चि पहुँचते हैं। यहीं से हमने अपनी तीनों केरल यात्राओं में घर-वापसी की ट्रेन पकड़ी है। सिवाय अपनी पहली यात्रा के, जब हम थोड़ा अधिक भक्ति-भाव से लहालोट प्राणी हुआ करते थे और उस यात्रा में हमने कोच्चि के उत्तर में स्थित 'गुरुवायुर मन्दिर' की कान पकड़ने वाली यात्रा की थी। भीड़ को इकट्ठा करके कैसे मन्दिर प्रशासन एक ग्लेयर और ग्लेमर पैदा करता है, गुरुवायुर का मन्दिर इसका क्लासिक उदाहरण है। दिन में तेरह बार पूजा और भोग लगाने के नाम पर मन्दिर को बन्द किया जाता है और एक सामान्य सी भीड़ को भारी-भरकम हुजूम में बदल दिया जाता है। फिर बाद में वही भीड़ अपने-अपने क्षेत्रों में जाकर यह प्रचार करती है कि गुरुवायुर का मन्दिर भी बहुत बड़ा है और वहाँ भी बहुत भारी संख्या में श्रद्धालु आते हैं।

कोच्चि शहर का यह वर्तमान स्वरूप उस समय अस्तित्व में आया था, जब सन् 1341 में आयी पेरियार नदी की महान बाढ़ ने इसे दो भागों में विभक्त कर दिया था। वेम्बनाड झील उसके बीचोबीच स्थापित हुई, जिसने इस शहर को प्रकृति की यह विरासत सौंपी। हालाँकि आज की व्यवस्था ने उस विभाजन को दूसरा आकार दे दिया है। अब नये शहर कोच्चि को पुराने शहर कोच्चि से साफ-साफ अलगाया जा

कौच्चि का किनारा

सकता है। पुराना शहर कोच्चि केरल के पर्यटन मानचित्र का एक प्रमुख सितारा है और ऐतिहासिक धरोहर का केन्द्र-स्थल भी। लेकिन नया शहर कोच्चि यहाँ आने वाले पर्यटकों की सारी मलाई मार लेता है। क्योंकि वह आज के आधुनिक सुख-सुविधा वाले सारे केन्द्रों का स्वामी है।

——कोच्चि का हार्बर——

नये शहर से चलने वाली फेरी आधे घण्टे में पुराने शहर कोच्चि में पहुँचा देती है। इतिहास की अत्यन्त समृद्धशाली विरासत वाला यह शहर 'फोर्ट कोच्चि' के नाम से भी जाना जाता है। जब आधुनिक काल में यूरोपीय ताकतों ने भारत की तरफ रुख किया था, तो उनमें से लगभग प्रत्येक के कदम यहाँ पड़े। पहले पुर्तगालियों ने इस शहर पर अड्डा जमाया, और फिर कालान्तर में डच यहाँ आकर बसे। बाद में जब पूरे देश पर अंग्रेजों का कब्जा होने लगा और शेष यूरोपीय ताकतें भारत से अपना बोरिया-बिस्तर समेटने लगीं, तो इस शहर पर भी उनका परचम लहरा गया। हालाँकि यह बात भी उल्लेखनीय है कि इस यूरोपीय प्रादुर्भाव से काफी पहले भी कोच्चीन देश-दुनिया से परिचित हो चुका था। व्यापारिक साझेदारी ने उसे चीन, अरब और जापान से जोड़ा था। चीनी उपस्थिति की छाप वहाँ पर संरक्षित 'चाइनीज नेट' या 'चीन की जाल' के रूप में आज भी दिखाई देती है। बेशक कि आज के आधुनिक समय में मछली पकड़ने का वह परम्परागत चीनी तरीका चलन से बाहर हो चुका है। लेकिन आधुनिक सभ्यता से काफी पहले 14वीं शताब्दी में उपयोग की जाने वाली इन 'जालों' के ऐतिहासिक महत्त्व को नजरअन्दाज नहीं किया जा सकता।

और नजरअन्दाज तो यह भी नहीं किया जा सकता कि 14वीं सदी से काफी पहले भी कोच्चीन शेष दुनिया से जुड़ा हुआ था। धर्म-युद्ध (Crusade) के कारण 14वीं सदी में कुछ यहूदी भागकर यहाँ पहुँचे थे। उनकी उपस्थिति को इस शहर की एक गली आज भी रोशन करती है। इस गली में तमाम झंझावातों को झेलता हुआ उनका पूजा स्थल 'सायिनागाग' 15वीं शताब्दी से लेकर आज तक खड़ा है। और इसी शहर की मिट्टी में आधुनिक यूरोप को भारत से परिचित कराने वाले शख्स 'वास्कोडिगामा' की रूह भी बसी हुई है। बेशक कि बाद में उसके बेटे ने उसकी अस्थियों को कब्र से निकालकर लिस्बन (पुर्तगाल) ले जाने का फैसला किया था। और इस कारण से आज 'सेंट फ्रांसिस चर्च' में बनी वह कब्र केवल नाम की बची हुई है। लेकिन मृत्यु के बाद यादों के सिवाय और बचा भी क्या रह जाता है। वे बची हुई यादें उस महान खोजी नाविक को कोच्चि से भरपूर जोड़ती हैं।

—वास्कोडिगामा की समाधि (कोच्चि)—

इस पुराने कोच्चि शहर को सबसे खास नेमत पुर्तगालियों ने बख्शी। उन्होंने सन् 1568 में मटनचेरी इलाके में एक भव्य पैलेस का निर्माण कराया और उसे उपहार-स्वरूप तत्कालीन राजा 'वीर केरला वर्मा' को भेंट किया। लगभग एक शताब्दी के अन्तराल के बाद डच लोगों ने इसका पुनरुद्धार कराया। और तब से इस पैलेस को 'डच पैलेस' के नाम से भी जाना जाता है। इस पैलेस की 'वाल पेंटिंग' इसे खास बनाती है। रामायण, महाभारत और पुराणों की कथाएँ चित्रात्मक शैली में यहाँ की दीवारों पर दर्ज हैं। खुशी की बात है कि आजकल भारतीय पुरातत्व विभाग ने इसे अपने संरक्षण में ले लिया है।

और फिर कालान्तर में पूरे देश की तरह अंग्रेजों का इस शहर पर भी कब्जा हुआ। उन्होंने इसे नौ-परिवहन और नौ-सैनिक उपयोग का शहर बना दिया। आज का कोच्चीन उसी अंग्रेजी सोच और समझ के विस्तार का शहर दिखाई देता है। यह भारतीय नौ-परिवहन का एक बड़ा केन्द्र हैं और भारतीय नौ-सेना के दक्षिणी नेवल बेस का कमाण्ड मुख्यालय भी इसी शहर में स्थित है।

लेकिन पुराने कोच्चि के विपरीत नया कोच्चि किसी आम भारतीय आधुनिक

शहर की तरह ही दिखाई देता है। इसमें केरल की छवि बहुत कम बची है। हमारी व्यवस्था एक आधुनिक शहर को बनाने की प्रक्रिया में जितना कुछ नष्ट कर सकती है, कोच्चि में उसने सूत भर भी नहीं छोड़ा है। पेड़ों की जगह कंक्रीट के जंगल खड़े हैं, और हरियाली की जगह वातानुकूलित माल और बाजार। नदी, झील और समुद्र जितनी तरह से कोच्चि को गुच्छ में पिरोते हैं, उसमें यथासम्भव सेंध लगा दी गयी है। केरल के किसी तट पर इतना गन्दा पानी नहीं दिखाई देता। इस राज्य का बड़ा से बड़ा समर्थक भी यहाँ पर चुप्पी साध लेता है। इसका भूभाग आधुनिकता की भेंट चढ़ गया है और समुद्री किनारा नौ-परिवहन तथा नौ-सेना की जरूरतों का। बेशक कि यह शहर केरल की वित्तीय राजधानी है। यहाँ केरल का उच्च न्यायालय है, स्टाक मार्केट है, साइबर सिटी है, और प्रकृति की नेमतों के कारण इसे 'क्वीन आफ अरेबियन सी' का तमगा भी हासिल है, लेकिन आज का कोच्चि केरल नहीं है। हम जिस केरल की कल्पना में कोच्चि पहुँचते हैं, अपने मानदण्डों को कितना भी शिथिल करने के बावजूद यह केरल के भीतर नहीं समा पाता। वैसे वर्तमान विकास की हमारी राह किस दिशा में हमारे समाज को लेकर जा रही है, यह जानने के लिए नये कोच्चि शहर को घूमने का प्रोग्राम जरूर बनाया जा सकता है।

——नया शहर कोच्चि——

महँगाई ने पर्यटन को काफी महँगा बना दिया है, लेकिन केरल में वह काफी हद तक हमारे चुनाव पर निर्भर दिखाई देता है। सार्वजनिक परिवहन का उपयोग कर और ठहरने के लिए साधारण जगहों का चुनाव कर, हम उसे नियन्त्रित कर

सकते हैं। इसमें सबसे खास बात यह है कि इस राज्य में बतौर पर्यटक हमें हर कदम पर अपना एंटिना खड़ा नहीं रखना पड़ता। हर अजनबी से मिलते समय 'लुट जाने का भय' नहीं रखना होता। कोच्चि का ऑटो-चालक स्टेशन से मरीन ड्राइव जाने के लिए चालीस रुपये ही लेता है, चाहे हमने पहले से किराया तय किया हो या नहीं। तिरुवनन्तपुरम स्टेशन के बाहर खड़े ऑटो-चालक, ऑटो-चालक की तरह से ही मिलते हैं, किसी दलाल की तरह से नहीं। और मुन्नार की सैर कराने वाला टैक्सी चालक बेशक किराये और होटल की महँगाई से सहमत होता है, लेकिन हम उस पर यह तोहमत नहीं लगा सकते कि उसने हमें धोखे से किसी महँगे होटल में टिका दिया है या किसी सड़ियल दुकान में घुसाकर फँसा दिया है। ये छोटी-छोटी बातें यदि आपको कम उल्लेखनीय लगती हैं, तो दिल्ली के किसी रेलवे स्टेशन पर एक बार अजनबी की तरह उतरकर देखिये। प्लेटफॉर्म संख्या 1 से 14 तक पहुँचने में यदि 28 दलाल आपका साक्षात्कार न ले लें, तब कहिएगा। और उस पर भी त्रासदी यह कि जिस 28 वें व्यक्ति को आप थोड़ा सभ्य मानकर भरोसा करते हैं, वह स्टेशन से बाहर आते ही आपको किसी अन्य ऑटो वाले को थमा देता है। और तब पता चलता है कि यह भी एक साक्षात्कार लेने वाला ही था। इस अविश्वसनीय दुनिया में केरल उस भरोसे को वापस लौटाता है, जो आदमी होने के नाते हमारे पास अनिवार्यतः बचा रहना चाहिए।

केरल और तमिलनाडु में पर्यटन को लेकर भारी प्रतिद्वन्द्विता पायी जाती है। तमिलनाडु को लगता है कि उसका क्षेत्रफल केरल से काफी बड़ा है। उसके पास धार्मिक पर्यटन की दृष्टि से रामेश्वरम और मदुरै के दो बड़े मन्दिर हैं। वह तंजाबुर और महाबलीपुरम जैसे ऐतिहासिक तीर्थस्थलों का स्वामी है। कन्याकुमारी जैसा राष्ट्र-प्रसिद्ध पर्यटक स्थल भी उसी के खाते में है। और फिर दक्षिणी भारत के तीन में से दो बड़े हिल-स्टेशन भी तमिलनाडु के ही नगीने हैं। जबकि इसके बरअक्स केरल के पास पद्मनाभस्वामी, गुरुवायुर, कलाडी और सबरीमाला जैसे धार्मिक पर्यटक स्थल तो हैं, लेकिन इन सबकी अपील दक्षिणी भारत तक ही सिमटी हुई है। और 'हिल-स्टेशन' के नाम पर मुन्नार ही एकमात्र पहुँच वाली जगह है। लेकिन इतने पर भी केरल पर्यटन में तमिलनाडु से बाजी मार लेता है। और सिर्फ बाजी ही नहीं मारता, वरन केरल में तमिलनाडु से दो-गुना अधिक पैसा खर्च करने वाला पर्यटक भी खुशी-खुशी ही वापस लौटता है।

ऐसे में, बकौल मधुकर उपाध्याय (पत्रकार) तमिलनाडु द्वारा की गयी यह आलोचना जायज ही लगती है कि केरल कुछ अधिक ही हरा है। मुन्नार को देखने के बाद तमिलनाडु की आलोचना समझ में आती है और उसकी तिलमिलाहट भी।

आज केरल छोड़ते हुए ऐसा लग रहा है कि इन पन्द्रह दिनों में मेरे भीतर का आदमी थोड़ा बेहतर हुआ है। हालाँकि कल मुम्बई पहुँचने के बाद नहीं कह सकता

हूँ कि इसमें से कितना आदमी बचा रहेगा और कितना बिला जायेगा। और फिर उसके बाद बलिया जाने के लिए ट्रेन पकड़ते समय तो बिल्कुल भी नहीं, कि मैं किसी अजनबी से मिलते समय 'आदमी' की तरह से ही मिलूँगा, किसी 'साही' की तरह से नहीं। वैसे कोई भी यात्रा आदमी बने रहने के लिए यदि इतनी भी प्रेरणा दे रही है तो उस पर गर्व ही किया जा सकता है। केरल कुछ दूर तक हमारे साथ बना रहे, इस उम्मीद में हम मालाबार और कोंकण तट होते हुए मुम्बई तक पहुँचने का रास्ता चुनते हैं।

अलविदा केरल...इसलिए, कि यहाँ पर इतना कुछ देखने को नसीब हुआ। और इसलिए भी कि इसके बाद भी इतना कुछ देखने के लिए बचा रह गया। यही बचा रह जाना केरल की एक और, एक और...एक और यात्रा को प्रेरित करता रहेगा।

यात्रा वर्ष—2003, 2006 और 2014

ये क्या जगह है दोस्तो...

प्रकृति के नियमों के अनुसार विविधताएँ जीवन की आवश्यक दशाएँ हैं। यह विविध होना न सिर्फ आवश्यक है, वरन वांछनीय भी। मसलन अपने देश को ही लीजिए प्रकृति ने इसे अपनी विविधताओं के साथ करीने से सजाया है। उसकी यह नेमत अपने सारे आयामों, सारे रूपों में दिखाई देती है। धर्म, भाषा, वेश-भूषा और रहन-सहन से लेकर रंग-रूप, खान-पान और उत्सव-त्यौहार तक। और फिर इस देश के भूगोल की तो बात ही निराली है। कि जिस समय जैसलमेर और बाड़मेर में रेत के टीलों की कटीली झाड़ियाँ अपनी नुकीली पत्तियों में पानी की आखिरी बूँद को बचाने का संघर्ष कर रही होती हैं उस समय 'चेरापूँजी' और 'मासिनराम' की धरती पर बादलों द्वारा निसदिन प्रेम-गीत लिखा जाता है। जब मध्य-भारत की जमीन 'विषुवत-रेखीय' तापमान को छूने की तरफ बढ़ रही होती है तब हिमालय की वादियों का तापमान 'साइबेरियाई' गहराइयों में डूबने के लिए बेकरार रहता है। जब चेन्नई की उमस हमारी 'एड़ियों' को 'सर' के पसीने से नहला रही होती है उस समय दिल्ली की होठों पर परी 'फेफरी' को सुखाने के लिए जीभ पर पानी तलाशना पड़ता है।

लेकिन अपने देश की विविधताओं पर इतराने की कहानी प्रकृति की इन नेमतों तक ही सीमित दिखाई देती है। जहाँ से उसमें मानवीय हस्तक्षेप आरम्भ होता है ये विविधताएँ शर्मिन्दगी की दास्तानें बन जाती हैं। अब जरा इस तथ्य पर विचार कीजिए कि यह देश एक साथ 'मेनहट्टन' भी है, और 'इथियोपिया' भी। जिस मुम्बई में लाखों-लाख लोग 'स्लम' के नरक में दिन-रात घिसटने के लिए मजबूर रहते हैं उसी मुम्बई में चार आदमियों वाले परिवार के लिए 27 मंजिला 'एंटीलिया' भी है। जिस प्रदेश में ढाई लाख किसानों ने कर्ज में डूबने के कारण अपने जीवन को कपास के महीन और मुलायम धागों पर टाँग दिया हो उसी प्रदेश में हजार करोड़ की सम्पत्ति वाले लोगों की संख्या हजारों में है। इस देश के एक ही शहर में 'मरीन-ड्राइव' जैसी स्वप्निल दुनिया भी है और 'धारावी' जैसा नारकीय जीवन भी।

तो क्या इसे भी विविधता मानकर इतराया जाये कि हमारे देश में कुछ लोगों के सपने में ही केवल बिजली कटती है और कुछ लोगों के सपने में ही केवल वह आती है? इन जैसे सवालों की फेहरिश्त इतनी लम्बी है कि ऐसे कई लेख उनकी

कहानी कहते-कहते थक जायेंगे और वे फिर भी अपने अन्त तक नहीं पहुँच पाएँगे। इसलिए विश्वास मानिए कि हमारा इरादा यह कत्तई नहीं है कि इन सारी कहानियों को सुनाकर हम आपको 'अवसाद' से भर दें। वरन हम तो सिर्फ इशारा भर करना चाहते हैं कि इस देश के 'अव्वल संस्थानों' से निकले 'अव्वल दिमागों' के द्वारा कल को यह न प्रचारित किया जाने लगे कि जिस तरह से प्रकृति ने हमें विविधताओं से नवाजा है, उसी तरह हमारे माननीय नियन्ताओं ने भी इस देश में बड़ी मेहनत से इतनी विविधताएँ पैदा की हैं और इसके लिए हमें उनका शुक्रगुजार होना चाहिए। आप इसे बिल्कुल ही अतिशयोक्ति के रूप में मत लीजिए कि 'नहीं नहीं...ऐसा नहीं हो सकता है।' अजी साहब...जब देश के प्राकृतिक संसाधनों को बहुराष्ट्रीय कम्पनियों को सौंपने के लिए अपने ही देश के नागरिकों के विरुद्ध अपनी ही सेना को लगाया जा सकता है और उसे विकास की आवश्यक शर्त के रूप में परिभाषित भी किया जा सकता है तो यह करना कौन सी बड़ी बात है। इसलिए हमारा फर्ज है कि उन 'अव्वल दिमागों' द्वारा 'विषमताओं' को 'विविधताओं' के रूप में परिभाषित करने से पहले ही हम उन्हें समझ लें और इस देश को सबके जीने लायक बनाने का अपना सघर्ष जारी रखें।

आज मैं आपको अपने देश के एक बिल्कुल ही सामान्य हिस्से में ले जाना चाहता हूँ, जो पर्यटन के मानचित्र में कहीं भी शामिल नहीं है। यह यात्रा अपनी छुट्टियों को बिताने के लिए की जाने वाली मनोरंजन-यात्रा नहीं है। न ही इसका उद्देश्य धर्म या प्रकृति की गहराइयों में डूबना है। वरन इस यात्रा का उद्देश्य 'आजादी के सड़सठ साल बाद' वाले जुमले से इतर अपने देश के एक सामान्य इलाके से रू-ब-रू होना है। उसके आईने में यह देखने का प्रयास करना है कि इस महान लोकतन्त्र की सामान्य जनता आज किस पायदान पर खड़ी है। जीवन की मूलभूत दशाएँ उससे कितनी दूर हैं और कितनी पास।

ध्यान रहे कि यह इलाका लद्दाख, लाहौल-स्फीति, माणा और अरुणांचल प्रदेश जैसे दुर्गम वादियों में बसा हुआ नहीं है। न ही यहाँ पर बस्तर और अबूझमाड़ के दुर्गम जंगल हैं। यह लक्ष्यद्वीप और अण्डमान जैसे भारत की मुख्य भूमि से कटा हुआ भी नहीं है। न ही इस पर कश्मीर, मणिपुर, नागालैण्ड, असम या 'लाल गलियारे' जैसा कोई देश पर आया 'आसन्न खतरा' ही मँडरा रहा है। यह ध्यान दिलाना इसलिए जरूरी है कि जब भी देश की तरक्की को मापने के लिए किसी पिछड़े या दुर्गम इलाके को चुना जाता है, तो सरकार उस पूरे सवाल को खारिज करने के लिए तमाम तरह के बहाने ढूँढ़ लाती है। मसलन उसका तर्क होता है कि देश के आदिवासी इलाकों का विकास इसलिए नहीं हो पा रहा है क्योंकि उन इलाकों में सक्रिय विकास-विरोधी ताकतें अपने निहित स्वार्थों के कारण ऐसा नहीं होने देना चाहतीं। उन्हें लगता है कि यदि इन इलाकों में विकास की धारा पहुँच जायेगी तो

उनका वर्चस्व समाप्त हो जायेगा। उनकी धन-उगाही बन्द हो जायेगी, और वे हाशिये पर चली जायेंगी। सरकार बड़े भोलेपन से कहती है कि इस देश में विकास के लिए परिस्थितियाँ अनुकूल नहीं हैं। हमें उसके लिए बहुत सारी लड़ाइयाँ लड़नी पड़ रही है। यहाँ तक कि अपने देश के जवानों की आहुति भी देनी पड़ रही है। फिर भी हम पूरे देश के विकास के लिए कटिबद्ध हैं।

ऐसे में पूरी व्यवस्था की नीतियों और उनकी दिशा पर उठाया गया सवाल हवा में उड़ जाता है। और देश की करोड़ों जनता का जीवन मनुष्य कहलाने की परिभाषा के दायरे से बाहर रह जाता है। इन दावों और प्रतिदावों तथा आँकड़ों और बाजीगरियों में नहीं उलझते हुए, हम तो सिर्फ यह दिखाने का प्रयास कर रहे हैं कि किताबों के पन्नों पर 'अन्तिम आदमी के दरवाजे तक पहुँचने' का दावा करने वाले हमारे जनतन्त्र के कदम अभी कहाँ पर ठिठके हुए हैं। इसीलिए हम एक ऐसे इलाके की यात्रा कर रहे हैं जो न सिर्फ विशुद्ध मैदानी इलाका है वरन हमारे देश के केन्द्र में स्थित भी है। उत्तर प्रदेश और बिहार की दक्षिण-पूर्वी सीमा पर स्थित इस इलाके की दास्तान इतनी कारुणिक है कि वह शहराती और महानगरीय लोगों को चकित भी कर सकती है। खासकर उन लोगों के लिए, जो 'इण्डिया शाइनिंग' और 'देश निर्माण' जैसे नारों को गाने में मशगूल हैं।

तो आइये...हम अपनी यात्रा शुरू करते हैं। यह यात्रा पूर्वी उत्तर प्रदेश के एक जिले बलिया के दक्षिणी-पूर्वी छोर पर बसे कुछ गाँवों की हैं, जिनकी आबादी लगभग तीस-चालीस हजार के आस-पास है। इन गाँवों का सिर्फ एक सिरा उत्तर में बलिया से जुड़ता है। बाकी इन्हें तीन तरफ से बिहार राज्य के जिलों ने घेर रखा है। दक्षिण में बक्सर, दक्षिण-पूर्व में आरा और पूरब में छपरा। बात आजादी से पहले उत्तर प्रदेश और बिहार राज्य की सीमा के बँटवारे से शुरू होती है। तब इस इलाके में बहने वाली गंगा नदी को इन दोनों राज्यों की सीमा रेखा के रूप में तय कर दिया गया था। यह विभाजन लगभग सही भी था और गंगा के बीचोबीच की धारा लम्बे समय तक उत्तर प्रदेश और बिहार को अलगाती रही। समस्या तब शुरू हुई, जब गंगा नदी ने अपना रुख बदलना आरम्भ कर दिया। यह बदलाव कुछ मीटर का न होकर किलोमीटर में फैलने लगा। जब गंगा ने उत्तर दिशा में बढ़ना आरम्भ किया, तो बलिया जिले में गंगा के उत्तरी किनारे पर बसे हुए दर्जनों गाँव इसके चपेट में आ गये। घर-द्वार, खेत-खलिहान सब गंगा में समाने लगे। लाखों की आबादी विस्थापित होने पर मजबूर हुई। अधिकतर लोगों ने उत्तर दिशा का रुख किया, क्योंकि राज्य विभाजन के सिद्धान्तों के अनुसार गंगा के दक्षिण में बिहार राज्य की सीमा पड़ रही थी।

सामान्यतया यह हुआ कि उत्तर दिशा में कटान के कारण बलिया के लोग और उत्तर की तरफ भागे। और जिस इलाके में गंगा नदी ने अपने कटान का रुख दक्षिण

दिशा की तरफ किया, वहाँ पर बिहार के लोगों ने दक्षिण दिशा की तरफ भागने का विकल्प चुना। मतलब इस आपाधापी में भी लोगों ने सरकार द्वारा खींची गयी राज्य की सीमाओं को याद रखा। भले ही उनकी सारी जमीनें गंगा के इस या उस पार चली गयी हों, उन्होंने अपने बसने का आधार गंगा की धारा को देखकर ही चुना। लेकिन समस्या तो पैदा हो ही गयी थी, क्योंकि लोगों की पूरी खेतीबारी गंगा नदी के पार दूसरे राज्य में चली गयी थी। जब तक उन खेतों पर रेत पड़ी रही, तब तक चैन-शान्ति भी बनी रही। लेकिन कुछ वर्षों के बाद बाढ़ के कारण उन खेतों पर मिट्टी पड़नी शुरू हो गयी और अब वे खेत जोतने-बोने के लायक होने लगे। बेशक कि वह जमीन बहुत कीमती नहीं थी, लेकिन एक कृषि-प्रधान व्यवस्था में जीवन यापन के लिए जरूरी तो थी ही।

ऐसे में गंगा नदी द्वारा पैदा किये गये इस कृत्रिम विभाजन को लाँघने का प्रयास होने लगा। मसलन बलिया के कुछ गाँवों, जिनमें जवहीं दियर और शिवपुर दियर जैसे बड़े गाँव भी शामिल थे, ने उत्तर की तरफ कुछ सालों तक भागने के बाद यह पाया कि उनकी सारी जमीनें तो गंगा के दक्षिण में चली गयी हैं। और अब चूँकि गंगा ने उत्तर की तरफ बढ़ते हुए इसी धारा को अपना स्थायी बहाव बना लिया है, तो ऐसे में उन्होंने अपनी पुरानी जमीन की ओर लौटने का फैसला किया। कहें तो एक तरह से उनके लिए यह विकल्पहीनता की स्थिति भी थी। पूरी आर्थिक व्यवस्था कृषि पर आधारित थी और गंगा ने कुछ सालों तक उन जमीनों पर रेत छोड़ने के बाद अब कृषि योग्य नयी मिट्टी डाल दी थी। एक तरफ उनके सामने वर्तमान का खानाबदोश जीवन था और दूसरी तरफ अपनी हजारों एकड़ की जमीन का आकर्षण। बस दूसरे विकल्प को चुनने में राज्य की सीमा का पेंच फँस रहा था। उन्होंने उसे चुनौती देने का फैसला किया और धीरे-धीरे लगभग पूरा गाँव अपनी पुरानी स्थिति की ओर लौटने लगा। यह प्रक्रिया दशकों में पूरी हुई। और अपने साथ-साथ संघर्ष की पटकथा भी लिखकर ले आयी।

पटकथा यह थी कि जब गंगा नदी बलिया के गाँवों को ढाहते हुए उत्तर की तरफ बढ़ रही थी, तब सीमावर्ती बिहार के लोग गंगा के साथ-साथ अपनी सीमा रेखा को भी उत्तर की तरफ खिसकाते चले जा रहे थे। चूँकि यह प्रक्रिया दशकों में चली और पूरी हुई इसलिए उनका कब्जा भी दशकों पुराना हो गया। ऐसे में जब 'जवहीं दियर' और 'शिवपुर दियर' जैसे बलिया के बड़े गाँव गंगा के दक्षिण में जाकर बसने लगे तो विवाद शुरू हो गया। खूनी संघर्षों का एक लम्बा सिलसिला आरम्भ हुआ, जो आज भी किसी न किसी रूप में चलता आ रहा है। आजादी के बाद दोनों राज्यों की सीमा रेखा को निर्धारित करने के लिए 'त्रिवेदी आयोग' का गठन किया गया। उसकी देख-रेख में सीमा पर पत्थर गाड़े गये। लेकिन जैसा कि ऐसे आयोगों में सामान्यतया होता है कि वे दिल्ली में बैठकर लद्दाख की सीमा तय

करने लगते हैं, वैसा ही कुछ यहाँ भी हुआ। बहरहाल उस होने के मुताबिक राज्य बदलने के बावजूद काश्तकारी के मालिकाना हक में किसी भी तरह के परिवर्तन नहीं होने की बात की गयी। अर्थात जिसकी जमीन थी वही उसका मालिक माना गया, भले ही उसकी सीमा दूसरे प्रदेश में चली गयी हो। बाद में 'नायर आयोग' ने भी कुछ-कुछ वैसा ही फैसला दिया। अफसोस...कि जमीन पर विवाद सुलझ नहीं पाया। आजादी के बाद शायद ही ऐसा कोई साल गुजरा होगा जब इस विवाद के कारण, इस क्षेत्र की जमीन इनसानी लहू से लाल नहीं हुई होगी।

यह वह जड़ थी, जिस पर इस समस्या का विकराल पेड़ पैदा हुआ। कालान्तर में जब रक्तपात अधिक तीव्र होता चला गया और कृषि पर निर्भरता भी कम होती चली गयी, तब इन गाँवों से पलायन भी तेजी से होने लगा। वैसे तो पहले ही यहाँ के लोग गंगा द्वारा ढाहने के बाद अपने गाँव का मोह छोड़कर अन्यत्र पलायित हो चुके थे लेकिन बाद में यह पलायन अत्यन्त तीखा हो गया। जिसके पास भी यहाँ से भागने की लेश मात्र भी गुंजाइश थी, उसने अपनी 'चौखट' उखाड़ ली। और यह संख्या सैकड़ों में नहीं वरन् कई हजारों की थी। लेकिन जो लोग फिर भी वहाँ पर जमे रहे, उनकी संख्या भी दो बड़े और दर्जनों छोटे-मोटे गाँवों को मिलाकर तीस-चालीस हजार के आस-पास बैठती है।

प्रशासन के लिए खींची गयी लकीरों ने आज इन हजारों लोगों के जीवन में एक गहरा और कभी नहीं खत्म होने वाला अँधेरा बो दिया है। राज्य को निर्धारित करने वाली वह सीमा-रेखा इनकी गर्दन पर कस गयी है। गंगा नदी आज भी बलिया और बिहार राज्य की सीमा को निर्धारित करती है। मतलब गंगा के उत्तर तरफ बलिया और गंगा से दक्षिण तरफ बिहार। लेकिन ये कुछ गाँव बलिया के होने के बावजूद गंगा से दक्षिण जाकर बसे हुए हैं। त्रासदी यह है कि उत्तर-प्रदेश में इन्हें बिहार का समझा जाता है और बिहार में उत्तर प्रदेश के अवांछित नामाकुलों के रूप में। उत्तर में बहने वाली गंगा नदी इस समूचे क्षेत्र को बलिया से काटकर अलगा देती है और दक्षिण में बिहार की सीमा रेखा इन गाँवों के साथ इस तरह से बर्ताव करती रही है कि जीवन को सम्भव बनाने वाली सारी सुविधाएँ इन सीमाओं तक पहुँचते-पहुँचते सूख जायें। ये हजारों लोग आधुनिक युग के ऐसे 'टोबा टेक सिंह' बने गये हैं जो इन दोनों राज्यों के बीच 'नो मैन्स लैंड' में फँसे हुए हैं।

बिहार राज्य के इनके पड़ोसी गाँवों में वे सारी सुविधाएँ पहुँच गयी हैं जिन्हें उस प्रदेश के अन्य गाँवों में देखा जा सकता है। चाहे पश्चिम में पड़ने वाले गाँव केशोपुर, राजपुर, नियाजीपुर, सेगरी, एकौना, सिंघनपुरा, खरहाटार, गंगौली, परानपुर और चक्की हों, या फिर दक्षिण में पड़ने वाले ब्रह्मपुर, निमेज, देवकली, गायघाट, धराजी, योगिया, कुण्डेसर और रानीसागर हों, या फिर पूरब में पड़ने वाले ताले बिहार के गाँव माहुर, नैनीजोर, ईश्वरपुरा, करमानपुर सोनबरसा, बंशीपुर और निमिया हों।

सड़क से लेकर बिजली तक और शिक्षा से लेकर स्वास्थ्य सुविधाओं की उपलब्धता तक। सबके कदम बिहार के इन पड़ोसी गाँवों तक पहुँच चुके हैं। मगर अफसोस कि जैसे ही वे उत्तर प्रदेश में पड़ने वाले बलिया के गाँवों की तरफ बढ़ने लगते हैं, उनकी लड़खड़ाहट शुरू हो जाती है। जाहिर है इसके लिए हम बिहार को जिम्मेदार ठहरा भी नहीं सकते। यह उत्तर-प्रदेश और बलिया जिले की जिम्मेदारी है कि यह इन गाँवों को देश की मुख्यधारा के साथ जोड़े।

तो सबसे पहला सवाल सम्पर्क मार्ग का उठता है। बलिया शहर मुख्यालय से मात्र बीस-पच्चीस किलोमीटर दूर बसे इन गाँवों को आज भी इस बात का इन्तजार है कि वे सड़क मार्ग से बलिया से जुड़ें। लगभग तीस-चालीस हजार की आबादी वाले इस क्षेत्र का विस्तार बीस-पच्चीस किलोमीटर में है। लेकिन यहाँ के लोग वर्ष के सात महीने—जून से लेकर दिसम्बर तक—देश दुनिया से कटे रहते हैं। पीपा का एक अस्थायी पुल प्रतिवर्ष गंगा नदी पर बनता है। जिसके बनने का नियत समय अक्टूबर में निर्धारित है, लेकिन वह खींचते-खींचते जनवरी में चला जाता है। और हटने का तय समय मध्य जून से पहले अप्रैल या मई में आने वाली किसी भी बड़ी आँधी द्वारा तय कर दिया जाता है। मतलब कागज में नौ महीने का काम जमीन पर चार से पाँच महीने में ही टें बोल जाता है।

यहाँ यह समझना जरूरी है कि पीपे के उस अस्थायी पुल के बन जाने का यह मतलब नहीं है कि उस समय रास्ता बिल्कुल सुगम हो जाता है। उसमें भी तमाम दुश्वारियाँ और बाधायें आती रहती हैं। एक तो वह कच्चा रास्ता 'दियारे' के बीचोबीच से होकर गुजरता है और दूसरे यह कि प्रतिवर्ष गंगा की छाड़न और उसके द्वारा डाली गयी मिट्टी के आधार पर यह तय होता है कि वह कितना चलने लायक है और कितना कहने लायक। चूँकि यह रास्ता बलुई, काली और पीली मिट्टी से होकर गुजरता है, इसलिए अप्रैल और मई में यह जैसलमेर का मजा देने लगता है। और खुदा-न-खास्ता जब कभी इन चार-पाँच महीनों में बारिश हो जाती है और आप उस रास्ते में फँस जाते हैं, तो साइकिलों, मोटरसाइकिलों को रास्ते के सूखने तक उसी स्थान पर छोड़ना पड़ता है या फिर ट्रैक्टर से उठवाना पड़ता है।

बारिश का मौसम इस इलाके के लिए जानलेवा मौसम होता है। कृषि और पशुपालन के मुख्य आधारों पर टिकी इनकी अर्थव्यवस्थाएँ यहाँ के लोगों को प्रतिदिन बलिया शहर में ला पटकती हैं। ऐसे पटकाने वाले लोगों की संख्या किसी भी तरह से चार अंकों वाली संख्या से कम नहीं होती। इनमें कुछ तो काम की तलाश में आने वाले दैनिक मजदूर होते हैं। और बाकी अधिकांश दूधिये, जिनके लिए प्रतिदिन दूध लेकर शहर पहुँचना अनिवार्य होता है, चाहे उस रास्ते पर चलने की चुनौती युद्ध लड़ने जितनी ही भयावह क्यों न हो।

सम्पर्क मार्ग से नहीं जुड़े होने के कारण यहाँ पर समस्याओं का अम्बार लगा

हुआ है। मसलन कानून व्यवस्था को ही लीजिए। इन गाँवों में कानून व्यवस्था पूरी तरह से प्रकृति के सिद्धान्तों पर आधारित है। इस विषय को लेकर इस 'दियारे' के सारे गाँव अपने पैरों पर खड़े हैं। यह आत्मनिर्भरता उस समूचे दियारे को एक अराजक क्षेत्र में तब्दील करती है। गंगा के उत्तर में पड़ने वाले बलिया जिले के हल्दी और दुबहड़ थानों के ऊपर इस क्षेत्र को सँभालने की जिम्मेदारी दी गयी है। और आपको जानकर यह आश्वर्य होगा कि खून-खराबे की स्थिति में पहुँचने वाले झगड़े भी इन थानों तक नहीं पहुँच पाते हैं। 'क्यों...?' का सवाल मत उठाइयेगा, अन्यथा रिकार्ड देखकर यह बताना पड़ेगा कि कितने महीने पहले इस क्षेत्र में कोई दरोगा, या उससे बड़ा अधिकारी गया था। और फिर जायेगा भी कैसे...? अपराध मौसम देखकर तो होगा नहीं कि भाई आजकल रास्ता बना हुआ है, तो आइये इसे कर ही लिया जाये। और फिर यदि वह बारिश के महीने में हुआ या फिर तब, जब पगडंडियाँ कीचड़ से सनी हुई हों, तो कोई भी पुलिस वाला वहाँ पहुँचेगा कैसे? स्थिति तो इतनी भयावह है कि कई बार बारिश के मौसम में हुई जानलेवा हिंसा के बाद प्रशासन को वहाँ पहुँचने में एक-दो दिन का समय लग जाता है। सम्पर्क मार्ग से कटे होने के कारण लगभग तीस किलोमीटर के इस इलाके को अपराधियों की शरणस्थली के रूप में देखा जाता है। और यह तब देखा जाता है, जब इस इलाके में न तो कोई जंगल है और न ही छिपने के हिसाब से कोई पहाड़ियाँ ही।

शिक्षा के नाम पर सरकारी कागजों में हाईस्कूल तक की दास्तान लिखी गयी है। बाकी आप खुद समझदार हैं कि इन दास्तानों का अस्तित्व उन विद्यालयों के कागजों पर ही सीमित है। प्राइमरी और मिडिल स्कूल का अध्यापक सोचता है कि जब इन गाँवों में कोई बड़ा अधिकारी या जन-प्रतिनिधि पंचवर्षीय योजनाओं की तरह भी दर्शन नहीं देता है, तो उसका भी कुछ न कुछ हक तो बनता ही है। तो साहब... वह भी महीने-दो महीने में कभी तफरी कर आता है। कारण भी साफ है। उसे इन इलाकों में रहना मंजूर नहीं और बलिया से प्रतिदिन यहाँ आना-जाना सम्भव नहीं। ऐसे में गाँववालों ने भी उपलब्ध सबसे बेहतर विकल्प को अपने लिए चुन लिया है। और वह विकल्प यह है कि इस इलाके के लगभग सभी प्राइमरी और मिडिल स्कूलों में निजी विद्यालयों की कक्षाएँ लगती हैं और उन्हीं के सहारे यहाँ के लड़के-लड़कियाँ अक्षरों, शब्दों और संख्याओं की इबारत सीखते हैं।

और उससे भी खराब स्थिति स्वास्थ्य सेवाओं की है। सरकारी और निजी, दोनों ही स्तरों पर स्वास्थ्य सेवाएँ अपने अस्तित्व के होने का अभी इन्तजार कर रही हैं। यहाँ न तो कोई प्राथमिक स्वास्थ्य केन्द है और न ही कोई निजी चिकित्सालय। इलाज की सारी जिम्मेदारी 'झोला छाप डाक्टरों' के भरोसे चलती है, जो किसी भी बीमारी का इलाज 'एंटी-बायोटिक' देकर या फिर 'पानी चढ़ाकर' करने का 'मौलिक हुनर' जानते हैं। अब यदि इस दौरान कोई भगवान को प्यारा हो जाता है, तो उसे

नियति मान लिया जाता है या परिजनों द्वारा उस 'झोला-छाप' डाक्टर की पिटाई करके सन्तुष्ट हो लिया जाता है। आपात् स्थिति में बलिया के जिला चिकित्सालय में तभी पहुँचा जा सकता है जब मौसम आपके साथ हो। मतलब बीमारियों के लिए भी दिन और मुहूर्त निर्धारित है कि वे इसी समय पर आयें। और जो असमय दस्तक देती हैं उन्हें लोग 'काल' मान लिया करते हैं। मसलन यदि विपरीत मौसम में किसी को 'साँप' ने काट लिया, जो कि इस इलाके की एक सामान्य दुर्घटना है, तो 'जिला चिकित्सालय' जाने के बजाय, लोग-बाग यह प्रार्थना करने लगते हैं कि काटने वाला वह साँप जहरीला नहीं हो। और यदि वह जहरीला हुआ तो फिर उसे 'काल' ठहरा देने के अलावा उनके सामने दूसरा और कौन सा विकल्प बचता है। इस इलाके में प्रतिवर्ष साँप काटने से मरने वाले लोगों की संख्या, कुछ नहीं तो दहाई में तो होती ही है।

और वही स्थिति कमोबेश गर्भवती महिलाओं की भी है। हालाँकि आजकल लोगों ने अपने घरों की उन गर्भवती महिलाओं को गर्भ के आठवें महीने में बलिया शहर के आस-पास रखना आरम्भ कर दिया है, जिसमें किसी भी आपातकालीन स्थिति से निबटा जा सके। इसके अलावा दो और प्राकृतिक विपत्तियाँ इस इलाके को प्रतिवर्ष झकझोरती रहती हैं। एक तो बरसात के मौसम में प्रतिवर्ष यहाँ आने वाली बाढ़ और दूसरे गर्मियों के मौसम में लगभग प्रतिदिन लगने वाली आग। यहाँ के साठ-सत्तर फीसदी घर 'घास-फूस' के बने हुए हैं, जिसमें खाना बनाने के लिए 'उपले और कण्डे' का इस्तेमाल होता है। ऐसे में ये गाँव बार-बार आग की चपेट में आते रहते हैं। फायर-ब्रिगेड की गाड़ी ने पिछली बार इस इलाके में कब कदम रखा था, इसके लिए उस विभाग का गजेटियर देखना पड़ेगा।

इस कारुणिक कहानी का वैसे तो कोई अन्त नहीं हैं, लेकिन यहाँ पर इस दास्तान को बाँचते हुए चलना जरूरी समझता हूँ कि यहाँ के लोगों ने प्रधानमन्त्री की उस घोषणा को बहुत गम्भीरता से लिया है जिसमें उन्होंने सन् 2020 तक सबको बिजली देने का वादा किया है। वैसे इनके पास इस आशावादिता में जीने के सिवाय कोई दूसरा विकल्प भी तो नहीं है। नेहरू से लेकर गाँधी तक और गोलवकर से लेकर लोहिया-अम्बेडकर तक के नाम पर चलने वाली तमाम योजनाओं में से एक के द्वारा भी इस इलाके में अभी तक रोशनी नहीं हो पायी है। लगभग एक सदी पूर्व 'एडिसन' द्वारा आविष्कृत 'बल्ब' को यहाँ के लोगों ने जलते या बुझते किसी भी रूप में नहीं देखा। अजी साहब...देखने के लिए तो इनके जीवन में बिजली के तार और खम्भे भी बचे हुए हैं। वैसे आप चाहें तो मेरी बात को झुठलाने के लिए उन ऊँचे-ऊँचे विशाल डैनों वाले खम्भों का हवाला दे सकते हैं और उन पर तने हुए पचीसों तारों के समूहों का भी, जिन्होंने पूर्व-प्रधानमन्त्री चद्रशेखर जी के गाँव में स्थित विद्युत केन्द्र तक पहुँचने के लिए इस इलाके में गंगा नदी को चार जगह

से पार किया है। अब आप ही बताइये कि ऐसी स्थिति में प्रधानमन्त्री के शब्दों पर जतायी गयी उनकी आशावादिता का आधार बनता है या नहीं। भले ही उन भलेमानुस ने मजाक के तौर पर ही यह कह रखा हो।

इन दास्तानों को सुनने के बाद अपने देश की जमीनी हकीकत से अनजान लोग यह सवाल उठा सकते हैं कि इस इलाके के लोग इन परिस्थितियों में आखिर रहते कैसे हैं? तो उत्तर बिल्कुल साफ है कि यह रहनवारी मुख्यतया प्रकृति के ऊपर निर्भर है और जिनके पास थोड़ा भी अवसर है, उनका पलायन के ऊपर। अब खुदा के लिए यह मत समझाइयेगा कि मनुष्य को प्रकृति की गोद में रहना चाहिए। बेशक कि हम रूसो के 'प्रकृति की ओर लौटो' के सिद्धान्त से परिचित हैं, फिर भी इस आधुनिक दुनिया में हम आपके दुश्मनों के लिए भी यह कामना नहीं करना चाहेंगे कि उन्हें अपना जीवन प्रकृति की ऐसी गोद में बिताना पड़े।

वैसे कुछ लोग इन सच्चाइयों को हवा में भी उड़ाते रहे हैं। यह कहकर कि आजादी के छः दशक बाद देश का कोई इलाका इतना पिछड़ा कैसे हो सकता है इसलिए इस पर विश्वास करना सम्भव नहीं है? और दूसरा यह कि इतने बड़े देश में यह तो होता ही रहता है। तो मैं पहले तर्क के लिए आपसे निवेदन करूँगा कि एक बार इस इलाके में जरूर आइये। केवल समय आपका होगा, बाकी जिम्मेदारी मेरी होगी। और दूसरे तर्क के लिए यह कहना चहूँगा कि 'बेगानापन' अच्छा तो होता है। उससे जीवन में तनाव भी कम किया जा सकता है। लेकिन हमें यह ध्यान जरूर रखना चाहिए कि हमने समाज में रहने का विकल्प चुना है। और यह समाज हमारे और आपके अलावा अन्य लोगों से मिलकर ही बनता है। तो हमारी यह जिम्मेदारी है कि अपने साथ-साथ अन्य लोगों के जीवन के बारे में भी सोचें। उन्हें भी जीवन की अनिवार्य दशाएँ नसीब हों, यह प्रयास करें।

यह एक तस्वीर है, जिसमें हम अपने देश के विकास को देख-परख सकते हैं। यह चौपाटी, लुटियन जोन्स और साइबर सिटी के समानान्तर रहने वाली हमारी ही दुनिया है, जिसे मनुष्य कहलाने की आवश्यक दशाओं का आज भी इन्तजार है। देश के बीचोबीच में बसे इस सामान्य इलाके में दुःख की बात है कि देश ही दिखाई नहीं देता। और यदि छः दशक में यह देश अपने ही शरीर के अंगों के प्रति इतना अनजान है, तो फिर उसकी सेहत के लिए इससे बुरी बात और क्या हो सकती है। क्या वह अपने इन अंगों में किसी घाव होने का इन्तजार कर रहा है...? क्या वह इनकी तभी देखभाल करेगा, जब वे सड़ने लगेंगे, उसे कष्ट देने लगेंगे..? क्या इस देश के शरीर पर पहले से कोई कम जख्म हैं, कि वह किन्हीं और नये जख्मों के होने का इन्तजार कर रहा है?

सरकार कहती है कि हम तो आदिवासियों का विकास करना चाहते हैं। लेकिन माओवादी उनका विकास नहीं होने देना चाहते। वे उस विकास से डरते हैं, क्योंकि

उन्हें लगता है कि इससे उनका प्रभुत्व खतरे में पड़ जायेगा। लेकिन इन इलाकों में तो कोई माओवादी नहीं रहता। यहाँ तो हजारों-हजार की आबादी सड़क चाहती है, बिजली चाहती है, स्कूल चाहती है, अस्पताल चाहती है और मनुष्य होने की आवश्यक दशाएँ चाहती हैं।

सोचिएगा! चाँद-तारों पर पहुँचने की ख्वाहिश रखने वाले इस मुल्क में क्या यह इतनी बड़ी 'चाहत' है...?

चलते-चलते...सुना है कि इन गाँवों को बलिया से जोड़ने के लिए पुल-निर्माण की घोषणा हुई है। और यह भी कि बिहार सरकार के सहयोग से इन गाँवों में विद्युतीकरण भी किया जा रहा है। ...आमीन

यात्रा वर्ष—प्रतिवर्ष

लद्दाख में कोई रैंचो नहीं रहता

दिल्ली से लद्दाख की यात्रा सड़क और हवाई मार्ग दोनों से की जा सकती है। लेकिन दोनों में लगने वाले समय का अनुपात भयावह है। सड़क मार्ग से जहाँ आपको चार दिन का समय चाहिए होता है, वहीं हवाई मार्ग से एक घण्टे का समय ही पर्याप्त होता है। अनुपात के विपरीत छोरों पर होते हुए भी लद्दाख जाने वाला व्यक्ति आपको यही सलाह देगा कि 'बीच का कोई रास्ता नहीं होता'। आपको दोनों किनारों पर चलना ही होगा तभी आप इसका वास्तविक लुत्फ उठा पायेंगे। एक तरफ से सड़क मार्ग और दूसरी तरफ से हवाई मार्ग। हम अपनी तरह आपको भी उन दुर्भाग्यशालियों की सूची में नहीं डालना चाहेंगे, जिन्होंने समय बचाने के नाम पर दोनों तरफ से हवाई रास्ता ही चुना।

दिल्ली से उड़ान भरने के आधे घण्टे बाद ही हिमालय पर्वत की शृंखलाएँ आरम्भ हो जाती हैं। ये शृंखलाएँ चार भागों में बँटी हुई हैं। सबसे निचले हिस्से पर, जहाँ से इनमें हमारा प्रवेश आरम्भ होता है, महान हिमालय शृंखलाएँ आती हैं। उसके बाद क्रमशः जांस्कर और लद्दाख शृंखलाओं का नम्बर आता है, जिनके मध्य लद्दाख क्षेत्र की पूरी आबादी निवास करती है। सबसे उत्तर में कराकोरम पर्वत-शृंखलाएँ आती हैं, जहाँ पर दुनिया के सबसे ठण्डे माने जाने वाले स्थानों में से एक सियाचिन का इलाका आता है और यहीं पर भारतीय राज्य की सीमा भी समाप्त हो जाती है। महान हिमालय पर्वत शृंखलाओं के खत्म होते ही पहाड़ों का हरापन भी खत्म होने लगता है और थोड़ी ही देर बाद हिम आच्छादित चोटियाँ आपके भीतर दबे पौराणिक मिथकों को उभारने लगती हैं। अपनी तमाम असहमतियों के बावजूद आपका मन स्वर्ग जैसी परिकल्पना के होने-न-होने के बीच झूलने लगता है और तमाम पौराणिक-मिथकीय कहानियाँ आपके भीतर कुलाँचे मारने लगती हैं।

इसके पहले कि इन कहानियों के मध्य आपका तर्क और विवेक पीसने लगे, पायलट कक्ष से यह घोषणा होती है कि हमारा विमान कुछ ही देर बाद लेह के हवाई अड्डे पर उतरने वाला है। खिड़की पर साँस रोके हमारे जैसे लोग, जो पहली बार लद्दाख की यात्रा कर रहे हैं, इस बात को सोचकर परेशान होने लगते हैं कि पहाड़ों की इन शृंखलाओं के मध्य इतनी समतल जमीन कहाँ से आती होगी, जिस

पर यह विमान प्रतिदिन उतरता और उड़ान भरता है। विमान जैसे-जैसे नीचे आने लगता है, हमारी उत्कण्ठा उसी अनुपात में बढ़ने लगती है। फिर वह अवसर भी आता है, जब कलाबाजियाँ खाता हुआ हमारा विमान दो पर्वत शृंखलाओं के बीच बनी खाली सुरंग सी जगह में प्रवेश करने लगता है। जान में जान आने लगती है कि अब इसे समतल जमीन नसीब हो जायेगी।

और तभी परिचायिका द्वारा यह घोषणा की जाती है कि "अक्टूबर की इस दस तारीख को सुबह दस बजे चार डिग्री सेल्सियस के तापमान में लेह हवाई अड्डे पर हमारा विमान उतरने वाला है।"

लेह हवाई अड्डा मुख्यतः सेना के लिए बनाया गया हवाई अड्डा है। यहाँ दिल्ली, चंडीगढ़, जम्मू और श्रीनगर से यात्री तथा मालवाहक विमान आवाजाही किया करते हैं।

हमारे मेजबान गाड़ी के साथ बाहर तैयार हैं। हम होटल पहुँचते हैं। हवाई यात्रा के बाद लेह पहुँचकर परिस्थितियों को जानते हुए भी हम वही गलती कर बैठते हैं, जिससे बचने की हर कोई सलाह देता है। मेजबान के द्वारा दी गयी चेतावनी के

—— लेह शहर ——

बावजूद हम लोग थोड़ी ही देर बाद लेह शहर के मुख्य आकर्षण 'लेह पैलेस' को देखने के लिए निकल पड़ते हैं।

मेरे साथी मित्र कहते हैं कि "केवल लेह में ही इसे पैलेस कहा जा सकता है।"

हालाँकि उसमें उस पैलेस की गलती कम ही है और हमारे भीतर उड़ रही हवाइयों की अधिक। यदि उस जगह पर मैसूर का महाराजा पैलेस भी होता, तब भी शायद हम यही प्रतिक्रिया देते। हमारी ठण्डी प्रतिक्रिया मेजबान के माथे पर शिकन पैदा करने वाली साबित होती है। वे अपनी निराशा को छिपाते हुए हमें लेह के एक और खूबसूरत नगीने 'स्तोक पैलेस' और उसकी विश्व प्रसिद्ध मोनेस्ट्री को दिखाने का प्रस्ताव करते हैं। और तभी दो परिवारों के सात लोगों वाले हमारे ग्रुप की सबसे नन्ही जान 'जेनिफर' अपनी उल्टियों से हमें उबार लेती है। सबकी जुबान पर होटल वापस चलने की बात एक साथ समूह गान के रूप में आती है।

ओह! तो मात्र यह संयोग ही है कि 'जेनिफर' इस काम को हमसे पहले अंजाम दे देती है, अन्यथा...? पूछिए मत...।

वापसी में होटल की सीढ़ियाँ चढ़ते समय मेरे जेहन में बचपन की स्मृतियाँ कौंधती हैं। मुझे अपना बचपन याद आने लगता है, जब हम कुत्तों के साथ हाँफने की प्रतियोगिता किया करते थे। हमारे लाख प्रयास के बावजूद जल्दी-जल्दी साँस लेने की वह बाजी कुत्तों के ही हाथ लगती थी। हमारा दम इतना फूलने लगता कि दो-चार मिनट के भीतर ही हम कुत्तों को वहाँ से भगाकर स्वयं द्वारा आयोजित प्रतियोगिता में अपनी हार की खीज को मिटाया करते। लेकिन आज उस प्रतियोगिता के लिए मैं तैयार हूँ। किसी ने ठीक ही कहा है कि हर आदमी का एक न एक दिन समय जरूर आता है।

हमें लेह जाते समय बतायी गयी सारी सावधानियाँ याद आने लगती हैं। यदि आप हवाई यात्रा के द्वारा लेह पहुँच रहे हैं और अगले चौबीस घण्टे का समय वहाँ की परिस्थितियों के साथ अनुकूलन के लिए नहीं देते, तो समझ लीजिए कि अगला पूरा सप्ताह आपको अपने होटल के कमरे में दवाओं के साथ ही बिताना पड़ेगा। आपकी तबियत आपको इस लायक नहीं छोड़ेगी कि आप सामने वाली सड़क पर बने एस.टी.डी. बूथ तक जाकर अपने दोस्तों-रिश्तेदारों को अपना कुशल क्षेम भी बतला सकें। जाहिर है पूर्वोत्तर राज्यों जैसे ही, जम्मू-कश्मीर में भी आपका प्री-पेड मोबाइल एक ऐसे डिब्बे के रूप में बदल गया रहेगा जिसमें कुछ भी रखा नहीं जा सकता। ...यहाँ तक कि बात भी नहीं...।

साँस उखड़ने की यह कमी लेह में उतरने के आधे घण्टे बाद इतनी शिद्दत से महसूस होने लगती है कि पहली बार आपको अपने स्वस्थ जीवन में यह एहसास भी हो पाता है कि साँस लेना भी एक जरूरी काम है। क्या आपको याद है कि स्वस्थ रहते हुए आपने पिछली बार कब इस पर विचार किया था? शायद ही याद

होगा...। यहाँ आक्सीजन की कमी इतनी अधिक है कि हर बार इसे अपने फेफड़ों में भरने के लिए आपको आस-पास की हवा से माँगना पड़ता है। मजा तो तब आता है, जब हर 100 कदम के बाद आपकी यह माँग 'चिरौरी-विनती' के स्तर पर उतर आती है। पेड़ों का यहाँ कोई नामों-निशान नहीं। आदमियों के साथ-साथ उन्हें भी आसानी से गिना जा सकता है। पहाड़ों ने तो जैसे यह तय ही कर रखा है कि हमारे नाम पर अब तक आपने जिन पेड़-पौधों और वनस्पतियों को देखा है, यदि उन्हें हटा दिया जाय तब कैसा रहेगा। पहाड़ का मतलब सिर्फ पहाड़ नहीं हो सकता है क्या...? अपनी देह पर किसी पेड़-पौधे और घास-वनस्पति को फटकने नहीं देने की कसम को सफलतापूर्वक निभाने वाले इन पहाड़ों को उनकी इस उपलब्धि के लिए धन्यवाद देने की इच्छा होती है। उन्होंने पेड़-पौधों को नुमाइश के तौर पर घाटियों में समेट रखा है। फिर ऐसे में आक्सीजन आएगा कहाँ से...?

पहाड़ों के साये में लेह

लेकिन धन्यवाद के बाद मन में उठने वाले इस एक सवाल का क्या किया जाय, जो हर मोड़ पर हमारा रास्ता काटकर सामने खड़ा हो जाता है। ठीक है कि आप हमसे कोई दुराव छिपाव नहीं रखना चाहते लेकिन बिना आक्सीजन के जब

हम जिन्दा ही नहीं रहेंगे, तब आपको निहारेगा कौन..? मेरी राय में लेह जैसी जगहों पर शहरों की कुलाँचे भरती बदहवास दुनिया को जरूर आना चाहिए। इस तथ्य का प्रत्यक्ष अनुभव लेने के लिए कि पृथ्वी की छाती पर मूँग दलते हुए वह अपनी भौतिकता की खातिर जो खेल खेल रही है, आने वाले समय में उसका क्या हश्र हो सकता है। लेह में तो यह काम प्रकृति ने किया है, लेकिन शेष दुनिया में...?

लेह में आक्सीजन की कमी का एक बड़ा कारण ऊँचाई की अधिकता है, जिसे पेड़ों की कमी और सघन कर देती है। महान हिमालय पर्वत श्रृंखलाएँ नमी वाले बादलों का प्रवेश लद्दाख में होने ही नहीं देती और एक तरह से वे 'रेन शैडो' का कार्य करने लगती हैं। ऐसे में भारतीय मानसून लद्दाख में प्रवेश ही नहीं कर पाता। फिर बारिश का यहाँ पहुँचते-पहुँचते हाँफ जाना बिल्कुल स्वाभाविक ही दिखाई देता है। अब नाम मात्र की बरसात और ऊपर से पथरीली मिट्टी, ऐसे में हाँफने की यह स्वाभाविकता पेड़ों पर भी लागू हो जाती है। और जब पेड़ नहीं तो फिर बारिश भी नहीं। और यही चक्र लद्दाख को एक पहाड़ी रेगिस्तान बनाकर छोड़ता है। ऊँचाई पर सर्दियों की बर्फबारी ही वह स्रोत है, जिसके सहारे सिन्धु और जांस्कर जैसी नदियाँ सालों साल जीवन्त बनी रहती हैं और लद्दाख के होठों पर पड़ने वाली फेफरी को गीला करती रहती हैं।

——लेह शहर में प्रवेश का रास्ता——

बहुत हिम्मत के बाद शाम को छत पर जाता हूँ। आस-पास के सारे होटल बन्द पड़े हैं। ओह..! 'आफ सीजन' का मतलब 'एकदम आफ' ही होता है, पहली बार पता चलता है। भारत के दूसरे पर्यटक स्थलों जैसा नहीं, जहाँ 'आफ' का मतलब उपलब्ध विकल्पों का आसान और सस्ता हो जाना होता है। यहाँ का कठिन जीवन सामान्य दिनों में भी बाहर से आये सैलानियों पर भारी पड़ता है। फिर सितम्बर के बाद, जब तापमान शून्य को चूमने की बेकरारी में रहता है, यहाँ का जीवन कठिन से कठिनतर होता जाता है। पानी नालियों में जमने लगता है और यहाँ पहुँचने वाले सारे रास्ते बर्फ की मोटी चादर ओढ़कर लम्बी और गहरी नींद में सो जाते हैं। ऐसे में सेना और कुछ हिम्मती विदेशी सैलानियों के अलावा यहाँ कोई नहीं फटकता। लद्दाख में पर्यटन के लिए जुलाई और अगस्त के दो महीने ही निर्धारित हैं, जिसे दोनों तरफ एक-एक माह खींचकर जून से सितम्बर कर दिया जाता है। अब ऐसे में मौसम की तनी हुई रस्सी को एक और माह आगे अक्टूबर के लिए खींचना जोखिम भरा तो होगा ही।

रात को लगता है कि होटल के कमरे से ही लेह को देखना पड़ेगा। अब मुश्किल यह है कि साँस को खींचने वाला काम किया जाये या घूमने वाला काम। जाहिर है विकल्प एक ही है। लेकिन वह सुबह ही क्या, जो आपको ठोंक-पीटकर खड़ा न कर दे। आपके हाथों में जिम्मेदारियों की सूची न थमा दे। यहाँ भी वह अपने अर्थों को उसी तरह से साकार करती है, जिसके लिए वह प्रसिद्ध है।

हमारे मेजबान कहते हैं 'आज हमें नीचे की तरफ चलना चाहिए।'

हमें कुछ नहीं पता कि यह नीचे और ऊपर क्या होता है। और यदि पता भी चल जाये, तब भी हम अपना दिमाग अपने ही पास रखना चाहते हैं। कोई प्रयोग नहीं, कोई सलाह नहीं। कुछ देर में यह समझ में आता है उनका आशय समुद्र तल से ऊँचाई का है।

'बिल्कुल..! आप जैसा उचित समझें।'

बिना देरी किये ही हम यह समूह गान गा उठते हैं। हम लद्दाख की सबसे धनी और सबसे प्रसिद्ध 'हेमिस मोनेस्ट्री' की तरफ बढ़ते हैं। यह लेह शहर से 50 किलोमीटर दूर पूरब दिशा में स्थित है। रास्ता सिन्धु नदी के किनारे-किनारे जाता है। इस मोनेस्ट्री की नींव लद्दाख के तत्कालीन राजा सिंजे नामग्याल के आमन्त्रण पर आये 'रासचीन' नामक बौद्ध भिक्षु ने सत्रहवीं सदी में रखी थी।

रास्ते में हम उत्सुकताओं की अपनी पोटली मेजबान 'अंकल' के सामने खोलते हैं। 'अंकल' मेरे साथ गये मित्र के रिश्तेदार हैं। 65 वर्ष की उम्र में भी उनका हौसला देखते ही बनता है। शुरुआत लेह के विस्तृत इतिहास से होती है। अब यह अलग बात है कि इस विस्तृत में से हमारे पल्ले इतना ही पड़ता है।

वे बताते हैं कि लद्दाख परम्परागत रूप से 9वीं शताब्दी तक तिब्बती साम्राज्य

का अंग था। फिर इस साम्राज्य का पतन हुआ और लद्दाखी नामग्याल राजवंश का अस्तित्व सामने आया। 19वीं शताब्दी के मध्य तक, जब कश्मीर के डोगरा राजा गुलाब सिंह ने इस पर आक्रमण कर इसे अपने राज्य में मिला लिया, यह एक स्वतन्त्र राज्य बना रहा। यहाँ तक कि मुगलों के शासनकाल में भी लद्दाख पर नाममात्र की अधीनता ही हो पायी थी, जबकि कश्मीर और बाल्टिस्तान उनके प्रत्यक्ष नियन्त्रण में आ गये थे। कहते हैं कि डोगरा राजा के उस आक्रमण में लद्दाख की एक तिहाई पुरुष आबादी का सफाया हो गया था। आसन्न पराजय को देखते हुए 'नामग्याल' राजा तिब्बत भाग गया और 1842 के सितम्बर माह में लद्दाख कश्मीर के डोगरा शासन के अधीन आ गया। लगभग 100 साल बाद इतिहास ने डोगरा राजा के साथ भी कुछ-कुछ वैसा ही सुलूक किया, जब 1948 में कबाइलियों का कश्मीर पर आक्रमण हुआ और कश्मीर का डोगरा शासन इतिहास में डूब गया। शासन के डूबने के बाद जो धरती बची, उसका कुछ हिस्सा पाकिस्तान में और बाकी हिस्सा भारत में विलीन हो गया।

लेकिन लद्दाख पर हमले का सिलसिला यहीं खत्म नहीं हुआ। 1962 का भारत-चीन युद्ध भी मुख्यतया इसी भूमि पर लड़ा गया। उस युद्ध में लद्दाख का बड़ा पूर्वी हिस्सा चीन के पास चला गया। भारत का यह नक्शा, जिसे आज हम देखते पढ़ते हैं, दरअसल हमारे देश की वास्तविक भौगोलिक परिस्थिति को बयान नहीं करता है। कश्मीर के दोनों मस्तक आज हमारे नियन्त्रण में नहीं हैं। बायाँ 'आजाद कश्मीर' के रूप में पाकिस्तान के पास और दाहिना 'अक्साई चीन' के रूप में चीन के पास चला गया है। दुःख की बात यह है कि भारत की अधिकांश जनता आज अपने देश की वास्तविक सीमा रेखा से नितान्त अपरिचित है।

'अंकल' का दुःख लद्दाख की कहानी कहते-कहते सतह पर आ जाता है। वे थोड़ी देर के लिए चुप हो जाते हैं। मुझे लगता है कि इस बातचीत को हलका करना अब जरूरी है।

मैं अनुरोध करता हूँ कि टेप में कोई लद्दाखी गीत बजाइए।

"लेकिन क्या वह आपके समझ में आएगा...?" वे उत्साह से पूछते हैं।

हाँ क्यों नहीं...। मैं मन ही मन सोचता हूँ कि "जब बालीवुड की पूरी फिल्म इण्डस्ट्री ही बोलों को बिना समझे ही चल सकती है (याद कीजिए–कोलावेरी डी) और बिना समझे ही उसे अन्तरराष्ट्रीय स्तर पर पुरस्कृत भी किया जा सकता है (याद कीजिए–जय हो) फिर मैं लद्दाखी गीत क्यों नहीं समझ सकता। और यदि नहीं भी समझ सकता, तब भी इन गीतों में इतनी रवानी तो है ही, कि मुझ जैसे अनाड़ी को भी अपनी धारा में बहा ले जाये।"

माहौल सचमुच कुछ हलका होता दिखाई देता है। पहाड़ी रास्ते पर चलते हुए पहाड़ी गीतों को सुनने का अलग ही आनन्द होता है। कुमायूँनी हो या गढ़वाली,

हिमाचली हो या डोगरी, या फिर लद्दाखी, सभी पहाड़ी लोक धुनों में एक खास किस्म की मस्ती, उल्लास, उमंग और रवानी पायी ही जाती है।

एक ढाबे पर चाय पीने के बाद 'अंकल' फिर लद्दाख के इतिहास की तरफ लौटते हैं। "स्वतंत्र भारत में लद्दाख कश्मीर का पिछलग्गू बन जाता है। और फिर आगे चलकर 1979 में लद्दाख का विभाजन लेह और कारगिल नामक दो जिलों में हो जाता है। दोनों जिलों की आबादी कमोबेश एक ही जितनी है। डेढ़ लाख के आस-पास। फर्क यह है कि कारगिल की आबादी में मुस्लिमों का प्रतिशत 80 के ऊपर है और लेह की आबादी में बौद्धों का। क्षेत्रफल की दृष्टि से लेह अभी भी भारत का दूसरा सबसे बड़ा जिला है।"

——कुदरत की नेमत (लेह)——

"तो फिर वर्तमान लद्दाख का स्वरूप कब उभरता है...?"

मेरे इस सवाल के जवाब में अंकल बताते हैं कि "आज के लद्दाख में जो कुछ सहूलियत मिली हुई हैं, वह 1989 के आन्दोलन के कारण ही सम्भव हो पायी हैं। जिस समय कश्मीर में पृथकतावादी आन्दोलन प्रारम्भ हुआ, लगभग उसी समय

लद्दाख में भी कश्मीरी हुकूमत से स्वायत्तता की माँग करने वाला आन्दोलन भी आरम्भ होता है। हमारे लिए भारतीय मीडिया द्वारा अपनाया गया रवैया बेहद सालने वाला है। वह कश्मीरी पृथकतावादी आन्दोलन को तो सुर्खियों में रखती है, लेकिन उसे लद्दाखी स्वायत्तता आन्दोलन की भनक तक नहीं लग पाती। जो भी हो, लद्दाख को उस आन्दोलन से काफी कुछ हासिल हुआ है। आन्दोलन के बाद लगभग सारा लद्दाख जनजातीय क्षेत्र घोषित हो गया और आज उसकी 90 प्रतिशत आबादी इसमें समाहित हो गयी है। 'लद्दाख बुद्धिस्ट एसोसिएशन' नामक संगठन द्वारा छेड़ी गयी इस मुहिम की बदौलत 1995 में 'लद्दाख पर्वतीय क्षेत्रीय परिषद' का गठन हुआ था। आज इस परिषद के पास 'कानून, व्यवस्था, न्याय, संचार और उच्च शिक्षा' को छोड़कर राज्य के लगभग सारे अधिकार हासिल हैं।"

"लेकिन इसके साथ ही सब कुछ ठीक हो गया, सोचना उचित नहीं है। यह कश्मीर ही रहा है जिसने लद्दाख को गुलामों और पिछलग्गुओं वाली यह जिन्दगी रसीद की है। लद्दाखी लोग कश्मीरियों से अनायास ही नफरत नहीं करते। कश्मीर से लद्दाख को दिया आने चाला बजट वर्षान्त में कुछ इस प्रकार से जारी किया जाता है कि वह अप्रयुक्त ही रह जाये। भारत सरकार से हम बार-बार यह माँग करते हैं कि वह हमें केन्द्र शासित क्षेत्र का दर्जा दे दे लेकिन उसमें इतनी संवेदनशीलता कहाँ कि वह बिना अलगाववाद की माँग किये जाने वाले आन्दोलनों को भी गम्भीरता से ले। इस राज्य में इच्छा तो सिर्फ कश्मीरियों की होती है, बाकी तो केवल सिर गिनने के काम आते हैं। और हम सिर्फ कश्मीर को ही दोष क्यों दें, भारत में भी तो हमारी पहचान अपने होने की नहीं हैं।"

अंकल जिस खूबसूरती से गाड़ी चलाते हैं, उसी खूबसूरती से अपनी बात भी रखते हैं।

"दिल्ली, मुम्बई, चेन्नई और लखनऊ जैसे शहरों में हमें नेपाली और चीनी समझा जाता है। पूर्वोत्तर भारत के लोगों जैसा ही हमारे साथ भी सम्पूर्ण भारत में किया जाने वाला यह तिरस्कृत व्यवहार हमें भीतर तक सालता है। आखिर भारतीय हमारे बारे में ऐसा क्यों सोचते हैं..? तब तो रंग, रूप, नाक-नक्श और लम्बाई-चौड़ाई के आधार पर असम से जापान तक के सारे लोग चीनी और नेपाली ही समझे जायेंगे। हम तो किसी दिल्ली वाले से नहीं पूछते कि आप बंगलादेशी हैं या पाकिस्तानी। या हमने तो किसी चेन्नई वाले से यह कभी नहीं पूछा कि आप श्रीलंकाई तो नहीं।"

ओह..! भीतर दफन लावे इसी प्रकार निकलते हैं। बाहर की किसी भी सर्द मौसम की क्या बिसात कि उन्हें निकलने से वह रोक दे। चाहे वे पृथ्वी के गर्भ से निकले हुए लावे हों या मनुष्य के मन की गहराइयों से।

हम हेमिस की मोनेस्ट्री देखते हैं। सिन्धु नदी के किनारे-किनारे चलते हुए मेरे मित्र बार-बार गाड़ी को रोकते हैं। उनका डिजिटल कैमरा लगातार चालू रहता है।

अब तक हमने पहाड़ों का यह रूप नहीं देखा। मुंडन किये हुए पहाड़ बौद्ध भिक्षुओं जैसे कतारबद्ध और सलीके से खड़े लगते हैं। वापसी में हम '3 इडियट्स' फिल्म के स्कूल को देखने के लिए रुकते हैं। यह स्कूल 2010 में बादल फटने वाली घटना में पूरी तरह से तबाह हो गया था। और यही स्कूल क्यों, तबाह तो सारा लेह ही हुआ था। लेकिन सारे लोग इतने खुशनसीब नहीं ठहरे कि उन्हें आमिर खान या सेना का सहयोग नसीब होता। हालाँकि लेह शहर उस तबाही से उबर गया लगता है और उसके निशान उस शहर में इक्का-दुक्का ही दिखाई देते हैं। लेकिन देहाती क्षेत्रों में तबाही का मंजर अभी भी सँजोकर रखा गया है।

बहरहाल हम रैंचो के स्कूल में प्रवेश करते हैं। यह इस समय खाली पड़ा हुआ है। पीछे एक रैंचो कॉफी शॉप' है। क्या बात है..? आमिर खान का कॉफी शॉप।

'नहीं...कोई सम्बन्ध नहीं' उसमें काम करने वाली महिला बताती है।

लेकिन उसके काम करने को देखकर यह दावे के साथ कहा जा सकता है कि कोई न कोई सम्बन्ध जरूर होगा। धीरे-धीरे और जिस सलीके से वह कॉफी बनाती है, उसे परोसती है और हमें वह पसन्द आती है, यह सब कुछ तो आमिर खान से ही मिलता जुलता है। वह भी दो साल में एक फिल्म बनाता है, कायदे से हमारे सामने रखता है और हम उसे चाव से देखते हैं।

क्या अब भी आप कहेंगे कि 'नहीं...कोई सम्बन्ध नहीं'।

हम वापस लौटते हैं। घर से सम्पर्क कटा हुआ है। डिब्बे के रूप में परिवर्तित मोबाइल बैग में नीचे रख दिया गया है। 100 मीटर की दूरी पर एस.टी.डी. बूथ है और उसी के बगल में इण्टरनेट कैफे भी। मन में फेसबुक की तड़प उठती है। कुछ बातें और चित्र मित्रों के साथ भी शेयर किया जाये। बहुत हिम्मत जुटाकर कैफे तक पहुँचता हूँ कि 10 मिनट के भीतर ही पीछे से झगड़ने की आवाज उठती है। आधे घण्टे का 50 रुपया कौन सा रेट है।" एक आदमी कैफे वाले पर चीखता है।

"यही रेट है यहाँ। 90 रुपया घण्टा और 50 रुपया प्रति आधा घण्टा।" कैफे वाला 'लामाओं' की मुद्रा में शान्ति का पाठ पढ़ाता है।

"बाप रे बाप उसने तो मुझे उबार ही लिया।" 15 मिनट के 25 रुपये चुकाकर मैं उसको सलामी ठोंकता हूँ।

लेह ने अब हमें स्वीकार कर लिया है, लेकिन इतना नहीं कि आप कबड्डी खेलने लगें। हाँ, जहाँ चलना फिरना दूभर हो रहा था, वहाँ इतनी स्वीकार्यता भी बहुत है। अगले दिन हम कारगिल के रास्ते पर निकलते हैं। यह रास्ता सेना, वायु सेना और केन्द्रीय सुरक्षा बलों की उपस्थिति से अटा पड़ा है। रंग-रंग के नाम वाली बटालियनें और गुजरता हुआ उनका लम्बा-लम्बा काफिला। शुक्र है कि यह इलाका सामरिक दृष्टि से इतना महत्त्वपूर्ण है, अन्यथा यहाँ आदमी देखने के लिए मन तरस जाता।

कारगिल के रास्ते पर 10 किलोमीटर निकलते ही जैसलमेर जैसा दृश्य उपस्थित

हो जाता है। ठीक उसी तरह, जैसे जैसलमेर शहर से 'रेत के टीलों' की तरफ बढ़ते हुए हम महसूस करते हैं। वैसी ही समतल जमीन, जहाँ रिहायशी बस्तियों का नामोनिशान तक नहीं है। पेड़-पौधे और झाड़ियाँ दूर जोजिला के पार चढ़ाई का रास्ता तलाश रहे हैं। सीधी जाती हुई सड़क पर 5-7 किलोमीटर दूर से आती हुई इक्का-दुक्का गाड़ियों को साफ-साफ देखा जा सकता है। सड़क के किनारे की मिट्टी रेत तो नहीं है, लेकिन उसे खाली मिट्टी जैसा सम्बोधन भी नहीं दिया जा सकता। ये सारे तथ्य उसी जैसलमेर के रास्ते की गवाही देते हैं। बस एक काम हमें और करना होता है। वह यह कि नेपथ्य में चल रहे पहाड़ों को नजर की फ्रेम से ओझल कर देने का काम। यदि आपने यह काम कर लिया तो फिर दूरी की साम्यता को भी इसमें जोड़कर इस जुड़ाव को और मजबूत किया जा सकता है। वहाँ की तरह यहाँ भी यह दृश्य लगभग 30 किलोमीटर तक चलता है।

यहीं पर नीमों गाँव के पास सिन्धु और जांस्कर नदियों का संगम है। अपने ही नाम की पर्वत श्रृंखला से निकलने के बाद 370 किलोमीटर की यात्रा तय करती हुई जांस्कर नदी यहाँ पर दक्षिण दिशा से आती है और सिन्धु में मिल जाती है। जबकि सिन्धु नदी कैलाश पर्वत के उत्तर से निकलती है और भारतीय क्षेत्र में लगभग 450

सिन्धु और जांस्कर नदियों का संगम

किलोमीटर की यात्रा करने के बाद बटालिक के पास पाकिस्तान में प्रवेश कर जाती है। जांस्कर का रंग नीला, जबकि सिन्धु का दूधिया और सफेद है। उन्हें देखकर उत्तराखण्ड में रुद्रप्रयाग के पास अलकनन्दा और मन्दाकिनी नदियों का संगम याद आता है। यहाँ भी केदारनाथ की तरफ से आती हुई मन्दाकिनी नदी का रंग नीला और कुछ कुछ हरा है, जबकि बदरीनाथ की तरफ से आने वाली भागीरथी का रंग दूधिया और सफेद है। नदियों के रंग में दिखाई देने वाला यह परिवर्तन उनके रास्ते से निर्धारित होता है। जो नदियाँ अपेक्षाकृत हरे भरे रास्तों और खास तरह की मिट्टी से होकर गुजरती हैं, वे नीली या हरी दिखाई देती हैं, जबकि ग्लेशियरों से निकलने के बाद पत्थरों के सहारे यात्रा करने वाली नदियों का रंग दूधिया और सफेद ही रह जाता है। बिल्कुल उन ग्लेशियरों की ही तरह, जहाँ से वे निकलती हैं। जांस्कर तो सिन्धु में मिलने के बाद यहीं पर विलीन हो जाती है, लेकिन सिन्धु नदी पाकिस्तान में प्रवेश करने के बाद लगभग 2500 किलोमीटर की यात्रा करती हुई कराची के पास अरब सागर तक जाती है। पाकिस्तान में आगे चलकर इसी सिन्धु नदी में चेनाब, रावी, सतलुज, झेलम, व्यास और उत्तर पश्चिमी सीमान्त प्रान्त से आने वाली दो और नदियाँ मिलती हैं, जिनसे सप्त सिन्धु डेल्टा का निर्माण होता है।

30 किलोमीटर बाद छोटे-छोटे गाँव आने लगते हैं। नीमों, बास्गो, अलची और ससपोल होते हुए हम लामायुरु तक जाते हैं। यह लेह से 125 किमी दूर लेह-श्रीनगर हाइवे पर स्थित है। कारगिल यहाँ से और 100 किमी रह जाता है।

ड्राइवर 'रामचोस' कहता है "आपने अभी तक जिस रास्ते को तय किया है, वही दृश्य कारगिल होते हुए जोजिला पास तक जाता है। एक बार जब आप उस 'पास' को पार करते हैं, इस रास्ते का मंजर तभी जाकर बदलता है।"

मतलब लद्दाख और कश्मीर में अन्तर केवल धर्म, भाषा, रंग-रूप, संस्कृति और समाज का ही नहीं है, वरन इसे प्रकृति ने भी साफ-साफ तरीके से अलगाया हुआ है।

'लामायुरु' से कुछ ही पहले हमें रुकना पड़ता है। पता चलता है कि आगे पहाड़ों में बारूद भरकर उन्हें सड़क बनाने के लिए तोड़ा जा रहा है। मेरे मित्र गाड़ी से उतरकर सड़क बनाने में जुटे एक मजदूर के पास जाते हैं। वे जल्दी ही उसका हाथ पकड़कर हँसी-ठिठोली करते हुए हमारी तरफ लौटते हैं।

"इहो बिहारे के हउवन। छपरा जिला इनकर घर बा। (ये भी बिहार के ही रहने वाले हैं। इनका घर छपरा जिला में है।)"

वह काम करने वाला मजदूर बड़ी आत्मीयता के साथ हमसे मिलता है। वह बताता है कि हमारे जैसे सैकड़ों-हजारों लोग गर्मियों में यहाँ काम करने के लिए आते हैं। बातें और भी होती हैं, जिसमें सुख का हिस्सा केवल हमारे मिलने तक का ही होता है। बाकी तो उसके पास दुखों की लम्बी फेहरिश्त ही होती है जिसे वह जल्दी-जल्दी बाँच देना चाहता है। इतने में रास्ता साफ हो जाता है। हमारी गाड़ी तो आगे

लामायुरु के पहाड़

'लामायुरु' की तरफ बढ़ जाती है, लेकिन मन उसके द्वारा उठाये गये सवालों में ही अटक जाता हैं। हम यू.पी., बिहार, झारखण्ड और उड़ीसा वाले लोग कब तक दूसरों के पहनने के लिए अपनी पीठ पर ऊन की फसल ढोते रहेंगे। (बकौल धूमिल)। क्या हम अपने लिए भी उनसे कभी 'शाल' या 'स्वेटर' बुन सकेंगे...?

हम लामायुरु की प्रसिद्ध मोनेस्ट्री देखते हैं। वहीं से हमें पहाड़ों का वह बहुरंगी दृश्य भी दिखाई देता है जिस पर सूरज की रोशनी पड़ रही है। नजर की एक ही फ्रेम में सात-आठ रंगों वाले दृश्यों का अंट जाना एकदम विस्मयकारी लगता है। जिन अलग-अलग पदार्थों से ये पहाड़ बने हुए हैं, सूरज की पड़ने वाली रोशनी उनकी वही अलग-अलग छटा वापस बिखेर देती है। हमारा रात्रि विश्राम अलची में है। अपने रिश्तेदार अंकल के घर।

कहते हैं कि घूमने के लिहाज से यह आवश्यक होता है, कि आप उस क्षेत्र के गाँवों और दूर-दराज के इलाकों से परिचित हों। विविधताएँ और खासपने की तलाश आपकी वहीं पूरी होती है। वहीं उस समाज का लोक भी बचा होता है और संस्कृति भी। अन्यथा आप दिल्ली में हों या बैंकॉक में, टोक्यो में हों या लन्दन में, न्यूयॉर्क में हों या मेलबोर्न में, सारे जगहों के पाँच-सात सितारा होटल एक ही जैसी विशेषताओं से सुसज्जित मिलेंगे। उनमें बैठकर आप यह नहीं बता सकते कि यह दुनिया का कौन सा हिस्सा है। और यही स्थिति कमोबेश देशों की राजधानियों और

बड़े महानगरों की भी हो गयी है। भूमण्डलीकरण के दौर में वे नीरसता की हद तक एकरूप होते चले जा रहे हैं। कनाट प्लेस के भीतरी घेरे में घूमते हुए आप कभी भी यह अन्दाजा नहीं लगा पायेंगे, कि इन चमचमाते शो रूम में सजे एक कुर्ते, एक पैंट या कि एक जोड़ी जूते के मूल्य के बराबर की पगार को हासिल करने के लिए दूर जौनपुर, अररिया, कोडरमा और कालाहाँडी से लाखों-लाख लोग किन परिस्थितियों से गुजरते हुए और क्या कुछ छोड़ते हुए इसी दिल्ली में घिसटते हैं। किसी भी हिसाब से आप अन्दाजा लगा लीजिए, लोक संस्कृति को समझने के लिए आपको गाँवों और कस्बों तक का सफर करना ही पड़ेगा।

अलची में जब तक हम अपने मेजबान के घर पहुँचते हैं, तब तक अँधेरा बहुत गहरा गया रहता है। लद्दाखी मेहमाननवाजी की उस अद्‌भुत और बेहतरीन परम्परा में बस एक ही चीज खटकती है। उनके द्वारा किया जाने वाला आग्रह। यह आग्रह शराब नहीं पीने वालों की परीक्षा तो लेता ही है। शराब पीने वालों के लिए भी किसी आफत से कम नहीं होता। भौगोलिक परिस्थितियों और सेना के लिए की जाने वाली आपूर्ति ने यहाँ शराब को घरों के भीतर भी स्वीकार्यता दिला दी है। यहाँ की स्थानीय शराब 'छांग' अब हाशिये पर पड़ी है और उसकी जगह पर विदेशी शराब की कई प्रचलित किस्में बाजार पर हावी हैं। इसका सेवन नहीं करने वाले सफाई देते-देते लेटने लगते हैं और इसका सेवन करने वाले पी-पी कर।

हमारे मेजबान रात को जम्मू और कश्मीर का भूगोल समझाते हैं। "यह प्रदेश वर्तमान में तीन हिस्सों में बँटा है। जम्मू-कश्मीर और लद्दाख। जम्मू का क्षेत्रफल इस राज्य के क्षेत्रफल का कुल 19 प्रतिशत है और इसमें छः जिले आते हैं, जहाँ राज्य की कुल 45 प्रतिशत जनता निवास करती है। कश्मीर में भी छः ही जिले हैं। इसका क्षेत्रफल 11 प्रतिशत है और आबादी लगभग 52 प्रतिशत। लद्दाख में दो जिले हैं। लेह और कारगिल। इसका क्षेत्रफल राज्य के भूभाग का 70 प्रतिशत है, लेकिन राज्य की कुल जनसंख्या की मात्र 2.2 प्रतिशत आबादी ही यहाँ निवास करती है। यह तथ्य यहाँ पर जनसंख्या की विरलता का अनुमान लगाने के लिए काफी है।"

लद्दाख के उत्तर में सियाचीन, चीन और पाकिस्तान की सीमा है। उत्तर पूर्व में अक्साई चीन, पूरब में तिब्बत, उत्तर-पश्चिम में बाल्टिस्तान, पश्चिम में कश्मीर, दक्षिण पश्चिम में डोडा और जम्मू तथा दक्षिण में यह हिमाचल प्रदेश की सीमा से घिरा हुआ है। उत्तर में लद्दाख पर्वत शृंखलाएँ और दक्षिण में जांस्कर शृंखलाओं के मध्य स्थित लद्दाख का अर्थ होता है—बहुत सारे रास्ते। ला-मतलब-रास्ते और दाख-मतलब-बहुत सारे।

मैंने मन ही मन सोचा कि हम मैदानी लोगों के दिमाग में पहाड़ों को लेकर कितना भ्रम रहता है। हम सोचते हैं कि पहाड़, रास्ते के हिसाब से बन्द जगहें होती हैं। लेकिन यहाँ तो इस जगह का अर्थ 'बहुत सारे रास्ते' के रूप में खुलता है।

इस 'बहुत सारे रास्ते' के मुख्यालय लेह से तीन मुख्य रास्ते खुलते हैं। एक अलची, लामायुरु, कारगिल, द्रास और सोनमर्ग होते हुए श्रीनगर को जाता है। इस रास्ते पर नामकी ला, फातु ला और प्रसिद्ध जोजी ला (पास) रास्ते पड़ते हैं। यह रास्ता 1999 की गर्मियों में उस समय सुर्खियों में आया था, जब पाकिस्तानी घुसपैठिया सेना (इसके प्रमाण लेह के संग्रहालय में भी रखे हैं) ने भारतीय सीमा रेखा में प्रवेश कर अपने बंकर और चौकियाँ स्थापित कर ली थीं। महीनों चले उस कारगिल युद्ध में भारत को सफलता तो मिली लेकिन धन-जन की भारी क्षति के बाद।

दूसरा महत्त्वपूर्ण रास्ता रुमसी, तोसकार, सारचू दारचा और केलांग होते हुए हिमाचल में मनाली तक आता है। इस रास्ते को 1991 में सार्वजनिक परिवहन के लिए पहली बार खोला गया था। इससे पहले 480 किमी लम्बे इस रास्ते का उपयोग केवल सेना द्वारा ही किया जाता था। कश्मीरी पृथकतावादी आन्दोलन के बाद से इस रास्ते का सैनिक और सार्वजनिक प्रयोग इतना बढ़ गया है कि अपनी तमाम ऊबड़-खाबड़ बनावटों और प्राकृतिक खतरों के बावजूद यह लेह को शेष भारत से जोड़ने वाला प्रमुख मार्ग बन गया है। जो भी विदेशी सैलानी सड़क मार्ग से लद्दाख की यात्रा करते हैं, वे सब इसी रास्ते का चुनाव करते हैं। इस रास्ते पर तांगलांग ला, बारलाचा ला और रोहतांग ला जैसे प्रसिद्ध रास्ते पासेस आते हैं।

तीसरा महत्त्वपूर्ण रास्ता उत्तर दिशा में सियाचीन ग्लेशियर की तरफ जाता है। इसी रास्ते पर लेह से पचास किमी दूर 'खारदुंगला टाप' है, जिसे दुनिया में सबसे ऊँची मोटर प्रयुक्त सड़क होने का दर्जा हासिल है। 18400 फीट की ऊँचाई पर स्थित इस टाप से सियाचीन ग्लेशियर के आधार शिविर की दूरी 184 किमी ही बचती है।

लद्दाख अपने पहाड़ी रास्तों के अलावा अपनी घाटियों और मोनेस्ट्रियों के लिए भी जाना जाता है। लेह, रूपम, साल, पदुम, स्योक, सुर, तुब्रा और जांस्कर जैसी खूबसूरत घाटियों से सुसज्जित इस भूमि पर अलची, लामायुरु, लेकिर, थिकसे, हेमिस और स्तोक जैसी विश्व प्रसिद्ध मोनेस्ट्रियाँ चार चाँद लगाती हैं। इन मोनेस्ट्रियों में 1000 साल पहले के इतिहास और संस्कृति की धरोहर सिमटी हुई है।

सुबह हम अलची की प्रसिद्ध मोनेस्ट्री को देखने के लिए जाते हैं। सिन्धु नदी के ठीक किनारे पर स्थित यह मोनेस्ट्री लद्दाख में सबसे पुरानी और सबसे महत्त्वपूर्ण मानी जाती है। इस मोनेस्ट्री की कला और पेंटिंग्स पर लद्दाखी कम और आरम्भिक बुद्धिस्ट तथा कश्मीरी परम्परा का प्रभाव अधिक दिखाई देता है। अलची गाँव में ही लद्दाख की बहुप्रतीक्षित जल विद्युत परियोजना का निर्माण कार्य चल रहा है। 45 मेगावाट की प्रस्तावित इस परियोजना को 2010 में ही तैयार हो जाना था, लेकिन उस समय सीमा के दो वर्ष गुजर जाने के बाद भी यह निर्माण के दौर में ही है। पूरे लद्दाख में बिजली की समस्या बहुत गम्भीर है। माँग 50 मेगावाट की और उत्पादन 5 मेगावाट का। काम कैसे चलेगा। अधिकतर होटलों, सैन्य मुख्यालयों और सरकारी

प्रतिष्ठानों में बिजली की आवश्यकता जेनरेटरों के द्वारा पूरी की जाती है। मेजबान अंकल के चेहरे की नसें पुनः लद्दाख की उपेक्षा की ओर मुड़ती हुई तनने लगती हैं।

"क्या श्रीनगर और दिल्ली में बैठे लोग इस बात को नहीं जानते कि लद्दाखी लोगों के जीवन में भी उजाले की आवश्यकता है...?"

अलची से लेह लौटते समय हम पुनः जैसलमेर सरीखी उस खुली जगह से गुजरते हैं, जहाँ लामाओं की मुद्रा में मुंडन कराये कतारबद्ध उन पहाड़ों ने आसमान को तम्बू जैसा अपने मस्तकों पर टाँग रखा है। 30 किमी लम्बे इस तम्बू की वजह से ही इस पहाड़ में इतनी समतल जगह बन पायी है। आगे लेह में प्रवेश करते हुए हम 'हाल आफ फेम' देखने के लिए रुकते हैं। इसे देखते हुए यह अनुमान लगाया जा सकता है कि शान्ति और सहिष्णुता की इस भूमि ने अपने आपको सुरक्षित रखने के लिए स्वातन्त्र्योत्तर इतिहास में भी काफी कुर्बानियाँ दी हैं।

शाम को लद्दाखी संस्कृति पर बात छिड़ जाती है।

अंकल कहते हैं कि हमारी संस्कृति भारतीय और कश्मीरी संस्कृति से कम और तिब्बती संस्कृति से अधिक मेल खाती है। भूगोल, पर्यावरण, जीवन, मृत्यु, धर्म, विवाह, संगीत, साहित्य, भाषा और लिपि आप जिस भी विधा में तुलना करें, इसकी साम्यता तिब्बती संस्कृति से ही मिलती है। यहाँ फसलों का मौसम चार-पाँच महीनों का ही होता है, जिसमें मुख्यतया गेहूँ और जौ की फसलें उगाई जाती हैं। अर्थव्यवस्था का आधार सेना, पर्यटन और सरकारी सब्सिडी पर टिका हुआ है। खेती और पशुपालन का आधार इसे थोड़ा मजबूत बनाता है, लेकिन इतना नहीं कि लद्दाख दुनिया के साथ कदम मिला सके। लद्दाख के पिछड़ेपन में उसके भूगोल से अधिक उसकी उपेक्षा का योगदान है। आप शिक्षा को ही लीजिए। इण्टरमीडिएट की पढ़ाई के बाद की शिक्षा पलायन से ही सम्भव है। पूरे लद्दाख में केवल एक ही कालेज है। ऐसे में आप स्वयं तय कीजिए कि इतने बड़े क्षेत्रफल को वह कैसे उच्च शिक्षा प्रदान कर सकता है। हाल ही में की गयी विश्वविद्यालय की घोषणा भी कारगिल के खाते में चली गयी है। यहाँ न तो कोई इंजीनियरिंग कालेज है और न ही मेडिकल कालेज। व्यावसायिक शिक्षा के नाम पर भी लद्दाख में नील बटा सन्नाटा ही है।

ओह...! अंकल जब भी बोलते हैं, बात लद्दाख की बदहाली और उसके प्रति बरते गये भेदभाव की तरफ ही क्यों बढ़ जाती है? उन्हें देखकर यह तय करना बहुत मुश्किल हो जाता है कि वे अपने हाथों को किसलिए मल रहे हैं? क्या यह सर्दी का एहसास है या लद्दाखी समाज की उपेक्षा का प्रतिबिम्ब...?

वे पूछते हैं कि ऐसी स्थिति में चंडीगढ़, जम्मू और दिल्ली भेजकर अपने बच्चे-बच्चियों को उच्च शिक्षा दिला सकने की क्षमता कितने लोगों के पास हो सकती है? भला हो लद्दाख को जनजातीय दर्जा देने वाले दो दशक पुराने उस कानून का, जिसने पोलियो से ग्रसित हमारी पीढ़ियों को एक बैशाखी तो मुहैया करा दी।"

क्या बात है...? तो उन्होंने बच्चों को पढ़ाने की सम्भावित कल्पना में भी श्रीनगर का नाम नहीं लिया।

——पैंगोंग झील का रास्ता——

अगली सुबह हम पैंगोंग झील की यात्रा के लिए निकलते हैं। 150 किमी की दूरी पर लेह से पूरब दिशा की ओर स्थित इस यात्रा का रास्ता एक घण्टे तक आनन्द लेने की इजाजत देता है, जब तक यह मनाली जाने वाली मुख्य सड़क के रूप में चलता है। लेकिन 30-40 किमी बाद जैसे ही मनाली का रास्ता हमें पूरब दिशा की ओर धकेलता हुआ दक्षिण की ओर निकल जाता है, हमारे पास उस पर आगे बढ़ते हुए दम साध लेने के अलावा दूसरा कोई विकल्प नहीं बचता है। एक बार जब चढ़ाई शुरू होती है तो फिर रुकने का नाम नहीं लेती। हम मैदानी लोगों के लिए पहाड़ी चढ़ाई वैसे ही आफत बनकर आती है लेकिन यह चढ़ाई तो किसी दुःस्वप्न से कम नहीं। गाड़ी में खाई की तरफ बैठा हुआ आदमी यह अन्दाजा भी नहीं लगा सकता कि यहाँ से फिसलने के बाद वह कहाँ जाकर टिकेगा। चढ़ाई के साथ ही पहाड़ों का गंजापन दूर होने लगता है और उनके माथे पर दूधिया बर्फ की शक्ल में जुल्फें दिखाई देने लगती हैं।

इस रास्ते का सबसे ऊँचा 'पास' चांग-ला 17000 फीट की ऊँचाई पर स्थित है। भारतीय सेना के कुछ छोटे-छोटे डब्बेनुमा घरों के अलावा यहाँ एक कॉफी शॉप भी है।

ड्राइवर रामचोस यहाँ उतरने के पहले कुछ हिदायतें भी देता है। "बहुत धीरे चलियेगा, साँस यहाँ बहुत उखड़ती है।"

लद्दाख में चार दिन बिताने के बाद हम लोग साँस उखड़ने का मतलब जानने लगे हैं। हम पूरी सावधानी बरतते हैं, लेकिन शून्य से पाँच डिग्री नीचे के तापमान में 17820 फीट की ऊँचाई पर फेफड़ों में भरने लायक आक्सीजन जुटा पाना मुश्किल ही नहीं, वरन असम्भव दिखाई जान पड़ता है। बर्फीली हवाएँ हमारे गरम कपड़ों का मजाक उड़ाती हुई लगातार आजूबाजू से निकलती रहती हैं। कॉफी पीने का मजा इतना भी आ सकता है, पहली बार महसूस होता है। बस अखरता है तो यहाँ का रेट-चार्ट। मेरे हिसाब से इसके रेट-चार्ट को कैफे-डे की कनाट-प्लेस स्थित दुकान से बदल देना चाहिए।

दूर, जितनी दूर निगाह जाती है, बर्फ की चादर ही दिखाई देती है। पेड़, पौधे, घास, झाड़ियाँ, जीव-जन्तु किसी का भी अता-पता नहीं। इस दूधिया धरातल पर सड़क की शक्ल में कई किलोमीटर लम्बा, काला साँप पड़ा है। उसकी पीठ पर रेंगती हुई हमारी गाड़ी अक्साई चीन की तरफ बढ़ रही है। एक घण्टे रेंगने के बाद वह साँप चौड़ा होकर घाटी में बदल जाता है और तब पता चलता है कि लेह में रह रहे सैन्य बलों के जवान फिर भी भाग्यशाली हैं। हर दस-पन्द्रह किलोमीटर बाद पड़ने वाली

पैंगोंग झील का किनारा

उन सैन्य चौकियों के मुकाबले तो काफी भाग्यशाली, जहाँ आदमियों को देखने के लिए उनकी आँखें तरसती रहती हैं। लगभग दो दशक पहले आम जनता के लिए खोली गयी इन जगहों पर जाने के लिए आज भी परमिट की आवश्यकता पड़ती है।

झील की झलक 10 किमी पहले से ही मिलने लगती है। हम उसके किनारे पहुँचते हैं। और तब उत्साह में यह भूल ही जाते हैं कि समतल दिखने वाले इन किनारों की ऊँचाई भी समुद्र तल से 13000 फीट की है। खैर लद्दाख में इसे समझने के लिए किसी विशेषज्ञ का साथ होना जरूरी नहीं है। ठीक 100 मीटर की चहलकदमी आपको औकात में रहना सिखा देती है।

दुर्गापूजा से कालीपूजा के बीच का समय होने के बावजूद सैलानी यहाँ बहुत कम हैं। भारतीय पर्यटन मानचित्र पर इस समय को बंगाली सीजन के नाम से जाना जाता है। असम से लेकर गुजरात तक और श्रीनगर से कन्याकुमारी-अण्डमान तक लगभग हर साल इनसे हमारा सामना होता है। बंगालियों के लिए प्रसिद्ध इस सीजन में घूमने के कई फायदे हैं। बच्चों की पढ़ाई अपने मध्यान्तर में होती है, लगभग पूरे देश का मौसम खुशनुमा होता है और उससे बढ़कर एक दशक पुराना अनुभव यह बताता है कि यह कम बजट वाले पर्यटकों के लिए सर्वाधिक मुफीद और उपयुक्त समय होता है। बंगाली भद्र जन मूल्यों को रियायत की सम्भव सीमा तक घटा चुका होता है जिसमें आपको अतिरिक्त मेहनत की आवश्यकता नहीं पड़ती।

हम झील के किनारे-किनारे टहलते हैं, जहाँ के पहाड़ थोड़े शर्मीले हैं। उन्होंने पानी के इस विपुल भण्डार के लिए 150 किमी लम्बी और 2 से 8 किमी चौड़ी जगह छोड़ रखी है। अब यह अलग बात है कि खारे पानी की सर्वथा अनुपयुक्त उस झील पर भी हमने देश की लकीरें खींच दी हैं। लकीर के 45 किमी तक पश्चिम में भारत और उसके 100 किमी पूरब तक चीन का हिस्सा पड़ता है। दूर पहाड़ों को दिखाते हुए वहाँ गश्त में तैनात सेना के जवान चीन की सीमा के आरम्भ होने की बात बताते हैं।

सवाल तुरत ही मन में कौंधता है कि जब यहाँ के बाद रास्ता समाप्त हो जाता है, तब सीमा रेखा की देखभाल कैसे होती है...?

वे बताते हैं कि हमारी और उनकी छोटी-छोटी टुकड़ियाँ हफ्ते-दो हफ्ते की पैदल चढ़ाई के बाद अपनी-अपनी सीमाओं को जाँचती-परखती रहती हैं।

मतलब कि रास्ते की चौकियाँ इनके मुकाबले काफी भाग्यशाली हैं। ...क्या बात है? तो जीवन की तरह भाग्य भी कुल मिलाकर आनुपातिक ही होता है।

झील का रंग पहाड़ों के अनुसार बदलता रहता है। सूरज की किरणें किनारों पर पड़ने वाले पहाड़ों के रंग को पानी के ऊपर चढ़ा देती हैं। और जब किरणें बादलों की ओट में सो रही होती हैं, तब पहाड़ भी अपने रंगों पर नींद की चादर डाल देते हैं।

लेकिन रैंचो (फिल्म-3 इडियट का नायक) कहाँ खड़ा हुआ था? और किस जगह पर खड़े होकर उसने यह व्यावहारिक ज्ञान प्राप्त किया था कि 'चुम्बन' करने

चांग ला (लेह)

के दौरान नाक बीच में नहीं आती? हमारी उत्कण्ठा का ख़याल रखते हुए हमारा ड्राइवर रामचोस गाड़ी को झील के किनारे-किनारे 8 किमी और आगे ले जाता है। वो हमें उस लम्बी, पतली सी जगह की तरफ इशारा करते हुए उतार देता है। हर कोई आमिर और करीना की स्टाइल में अपना पोज देता है कि तभी दूसरे दल के ड्राइवर की झल्लाहट हमारे कानों में गूँजती है।

"तंग आ गया हूँ इस सवाल को सुनते-सुनते कि रैंचो कहाँ खड़ा हुआ था। यह लद्दाख है, कोई दिल्ली-बम्बई नहीं, जहाँ खड़े होने की जगह भी इतनी महत्त्वपूर्ण होती है। रैंचो खुद भी नहीं बता सकता कि वह कहाँ खड़ा हुआ था।"

वह अपनी बात को समझा देने पर उतारू है। टूटी-फूटी हिन्दी में उसका गुस्सा आखिर फूट ही पड़ता है कि "लद्दाख में कोई रैंचो नहीं रहता।"

और फिर लद्दाखी में एक कहावत कहता है, जिसका अर्थ हमारा ड्राइवर बाद में हमें समझाता है। "यह भूमि आदिकाल से पवित्र रही है, किसी के आने-जाने से इस पर कोई फर्क नहीं पड़ता।"

माहौल थोड़ा गम्भीर हो जाता है। वापसी में हमारा ड्राइवर इस बात का खुलासा करता है कि यहाँ के स्थानीय लोगों का गुस्सा इस बात के कारण बढ़ जाता है, जिसमें किसी के आने-जाने से इस जगह की प्रसिद्धि को जोड़ा जाता है। हमारी हजारों साल की सभ्यता पर यह एक सवालिया निशान जैसा है, जिसमें हमारी कोई

———भारत और चीन की सीमा रेखा———

गलती नहीं। अब यदि शेष भारत हमें नेपाली और चीनी समझता है या रैंचो के कारण लेह को जानता-पहचानता है तो यह उसकी समझ-सीमा हो सकती है, जिसे हम क्यों सहन करें।

रात को लगता है कि हमने अगली सुबह 'खारदुंग-ला' टॉप पर जाने के लिए परमिट बनवाकर गलती ही की है। इतनी थकान के बाद कल 18000 फीट की चढ़ाई कैसे चढ़ी जा सकती है। लेकिन सुबह अपनी भूमिका को चरितार्थ करती हुई हमें ठोंक-पीटकर पुनः खड़ा कर देती है। हम लेह से निकलने वाले तीसरे सबसे महत्त्वपूर्ण रास्ते पर, जो कि उत्तर दिशा में जाता है, आगे बढ़ते हैं। इसी सड़क पर दुनिया की सबसे ऊँची मोटर प्रयुक्त सड़क है। यह सड़क लद्दाख की प्रसिद्ध तुला घाटी होते हुए सियाचीन के आधार शिविर तक जाती है। हम जैसे ही लेह से 10 किमी आगे निकलते हैं, चढ़ाई का दौर आरम्भ हो जाता है। और एक बार जब यह दौर आरम्भ हो जाता है, तो ऐसा लगता है कि 'पैंगोंग झील' जाते समय की चढ़ाई फिर भी गनीमत वाली है। तीखे मोड़ और सँकरे रास्तों के किनारे की खाइयाँ आपको जीवन से निर्लिप्त बना देती हैं। उन पर गुजरते हुए यह एहसास होने लगता है कि कल और उसके बाद की योजनाओं पर यहाँ से उतरने के बाद ही सोचना ठीक रहेगा। इस वक्त केवल और केवल वर्तमान ही हमारे साथ चल रहा होता है। भविष्य का महीन धागा तो किसी भी मोड़ पर हमसे छूट सकता है।

——— लेखक, खारदुंग-ला (लेह) ———

हम दिन के एक बजे खारदुंग-ला टॉप पर पहुँचते हैं। हिदायतें हमारे पास पड़ी हुई हैं। आधे घण्टे से अधिक वहाँ नहीं रुकना है, हलका गुनगुना पानी पीना है, केवल चहलकदमी करना है। बिल्कुल ...अब हिदायतों के बिना भी हम लोग यही करते रहते हैं। इस भरी दोपहरी में भी सूरज पर ग्रहण लगा हुआ है। हम सेना के शिविर में पहुँचते हैं। बर्फीली हवाएँ अपने शबाब पर हैं। यहाँ लगा मापक यन्त्र तापमान को शून्य से 6 डिग्री नीचे बताता है।

सेना के अधिकारी कहते हैं कि "यहाँ हर दूसरे व्यक्ति को आक्सीजन लेने की आवश्यकता पड़ती है।" और वह भी तब, जब उसे आधे घण्टे से कम ही रुकने की इजाजत है। ओह...! तो लोग खारदुंग-ला टॉप पर केवल आक्सीजन लेने के लिए ही आते हैं। बाद में ऐसा लगता है कि वहाँ आधे घण्टे रुकने की हिदायत लिखकर निरर्थक श्रम ही किया गया है। इससे अधिक रुकने की हिम्मत आखिर है भी कितने लोगों में?

सियाचीन का आधार शिविर यहाँ से 184 किमी है। सेना के अधिकारी महोदय, जो कि एक डाक्टर हैं, बताते हैं कि "सियाचीन पर तैनाती से पहले प्रत्येक सैनिक को महीनों की अनुकूलन प्रक्रिया से गुजरना पड़ता है। बिना उसके शून्य से सदा नीचे रहने वाले उस तापक्रम पर जीवन को दो-चार दिन भी नहीं चलाया जा सकता, चाहें उन्हें पहनने और ओढ़ने के लिए कितनी ही बेहतर सुविधाएँ क्यों न प्रदान की गयी हों।"

18400 फीट की ऊँचाई वाला यह रास्ता अपनी दुर्गमता के लिए तो कुख्यात है ही, दिल और रक्तचाप के मरीजों के लिए किसी शामत से कम नहीं। अक्टूबर में पड़ी ताजा बर्फ इस बात की गवाही देती है कि आने वाली सर्दियों में यहाँ क्या होने वाला है। हाँ, यहाँ आने वाला कोई भी ड्राइवर अपने यात्रियों को नहीं खोजता, वरन यात्री ही उस ड्राइवर को खोजते और कोसते हैं कि इसे यहाँ चाय पीने की तलब क्यों पड़ी है। उन्हें लगता है कि पाँच मिनट और रुकने के लिए

फेफड़े में कम से 100 साँसें और भरनी होंगी और इधर ठीक अगली साँस के लाले पड़े हुए हैं।

जैसे-जैसे हमारी गाड़ी वापस नीचे उतरने लगती है, भविष्य की योजनाओं को भी हमारे भीतर उतरने के लिए सीढ़ी मिलती जाती है। उन योजनाओं को, जो अभी तक हमारी साँसों के साथ 'खारदुंग-ला' टॉप पर अटकी हुई थीं। हम होटल में लौटते हैं, जहाँ संकेतों की भाषा में एक-दूसरे से बात होती है कि यदि नींद खुली तो रात का खाना खायेंगे अन्यथा सुबह इसके बारे में सोचेंगे कि खाना खाने की जीवन में कितनी भूमिका होती है। बिस्तर पर पड़ते ही कम्बल, शरीर के लिए स्विच की भूमिका निभाता है कि जिसको ओढ़ते ही हमारी सारी हलचलें बन्द हो जाती हैं। सिवाय धड़कनों के।

अगले दिन लेह शहर को देखने का इरादा मन में आता है। इस आराम वाली सुबह के बाद दोपहर में उसके मुख्य बाजार में पहुँचता हूँ। सिहरन भरी ठण्ड के बीच की गुनगुनी धूप में भी बाजार खाली पड़ा हुआ है। यहाँ जैसे-जैसे सूरज घाटियों में उतरता जाता है, खालीपन भी सूनेपन में बदलता जाता है। 'तो आखिर यह भरता कब है..?'

——खारदुंग-ला से लेह का दृश्य——

ओह...! इस प्रश्न का उत्तर प्रश्नकर्ता के मन मिजाज पर निर्भर करता है। यदि उसके पास दरियागंज, कनाट प्लेस, चौपाटी और धर्मतल्ला वाला मापक यन्त्र है, तब तो यह उन जगहों की मध्य रात्रि जैसा भी कभी नहीं भरता। इस शहर के भरने का अपना अलग ही पैमाना है। जुलाई और अगस्त के महीनों में जब यहाँ पर्यटक आते हैं, तब यह थोड़ा भरा दिखाई देता है। अन्यथा अक्टूबर के इस महीने में बाजार के इस मुख्य मुहाने पर बैठकर आप अपने छोटे बेटे-बेटी के साथ वही खेल खेल सकते हैं, जिसे बचपन में हम अपने गाँव-कस्बे की सड़क के किनारे बैठकर खेला करते थे। बायें से आने वाली गाड़ी हमारी और दायें से आने वाली तुम्हारी। हाँ...लेह के इस मुख्य बाजार में गाड़ियों के साथ-साथ आप आदमियों को भी जोड़ सकते हैं।

सबके चलने का अन्दाज यहाँ जाना-पहचाना है। आप बिना चेहरे को देखे दूर से ही यह जान सकते हैं कि यह आदमी लद्दाखी है, या बाहर से आया हुआ कोई पर्यटक। लद्दाखी व्यक्ति अपनी धीमी रफ्तार में आगे की तरफ झुका हुआ लगातार बढ़ता दिखाई देता है, जबकि बाहरी पर्यटक आदमी दस तेज कदम चलने के बाद कमर पर दोनों हाथ रखकर कुत्तों से प्रतियोगिता करता हुआ नजर आता है।

पूरे लेह शहर को एक घण्टे में पैदल घूमा जा सकता हैं बशर्ते आपके पीठ पर आक्सीजन का सिलिंडर बँधा हुआ हो। अन्यथा लेह देखने का वह तरीका तो सबको पता है जिसमें उसके पैलेस तक गाड़ी के सहारे पहुँचकर शहर का नजारा लिया जा सकता है। इस पैलेस को लेह की छत भी कहा जाता है, जहाँ से यह पूरा शहर उसके आँगन में दिखाई देता है।

बाजार के मुख्य मुहाने पर फैयाज की दही की दुकान है। उन्हें देखकर ही बताया जा सकता है, कि वे कश्मीरी हैं। इतनी स्वादिष्ट दही, याद नहीं आता कि पिछली दफा हमने कब खाई थी। हमारा पूरा दल उसे खाकर मुग्ध है कि तभी हमारे मित्र के दिमाग में यह ख़याल कौंधता है।

'यह दही किसकी है..?'

'बस'...मैं बोलता हूँ...'भगवान के लिए शुभ-शुभ बोलो'...।

हमारे मेजबान से रात में यह सूचना मिलती है कि कल सुबह 11 बजे जाने वाली किंगफिशर की हमारी उड़ान रद्द हो गयी है। इसकी एक और सेवा, जो सुबह 6 बजे दिल्ली के लिए जाती है, को अब हमें पकड़ना पड़ेगा। तो देश में फँसा हुआ 'विजय माल्या' का पेंच हमारी यात्रा में अभी बाकी ही है। हमें चार बजे होटल से निकलना होगा।

मेरे दोस्त कहते हैं कि चूँकि दिल्ली में काफी गर्मी होगी, इसलिए इनर और लोअर को बैग में रख लेना ठीक होगा। एक स्वेटर या जैकेट के सहारे हम एअरपोर्ट तक पहुँच जायेंगे और एक बार विमान में बैठ जाने के बाद तो फिर इस ठण्ड को आसानी से मुँह चिढ़ा सकेंगे। लेकिन सुबह पता चलता है कि लेह को पहचानने में

हमसे फिर गलती हो गयी। सुबह के चार बजे शून्य से 4 डिग्री नीचे के तापमान में होटल से एअरपोर्ट तक पहुँचने में लगी ठण्ड, हमारे यहाँ के जाड़े के पूरे मौसम में लगी ठण्ड पर इक्कीस ही बैठेगी। अब यह दिल्ली में उतरकर तय किया जायेगा कि कहीं हमने अधिक कपड़ा तो नहीं पहन लिया था।

——आसमान से लद्दाख——

जमीन से उड़ने के बाद विमान कुछ देर तक हवा में कलाबाजियाँ खाता है। करीब 15 मिनट बाद हम यह महसूस करते हैं कि पिछले 10 दिनों से हम किसी आसमान में नहीं, वरन् जमीन के एक टुकड़े पर ही विचरण कर रहे थे। तो लद्दाख भी आसमान से धरती जैसा ही दिखाई देता है। पीछे हिम आच्छादित चोटियाँ मन में हूक पैदा करती रहती हैं कि जीवन में इन्हें दोबारा देखने का अवसर मिलेगा या नहीं। अलविदा लद्दाख...। ...यदि जीवन ने अवसर दिया तो फिर मिलेंगे...।

यात्रा—2012

स्वतन्त्रता (?) की भूमि–थाईलैंड

नव वर्ष की पहली सुबह थी। कोलकाता अभी अलसाया हुआ था। देर रात तक चले जश्न के बाद की थकान उस शहर पर साफ दिख रही थी। हमारी जेट एयरवेज की कोलकाता से बैंकॉक की उड़ान का समय सुबह 10 बजे का था, लेकिन अपनी पहली विदेश यात्रा के रोमांच और उत्साह के कारण हम अपने अतिथिगृह से सुबह 5 बजे ही निकल लिए थे। लगभग 6 बजे मैं अपने मित्र मजूमदार के साथ हवाई अड्डे पर पहुँचा। अगले दो घण्टे तक हम उस एयरपोर्ट की जन सुविधाओं का लाभ उठाते रहे।इस बीच हमारे ग्रुप-लीडर पाठक जी का आगमन हुआ। उन्होंने हर एक आदमी को गिना।

"कुल 32 लोग होने चाहिए," उन्होंने कहा।

संख्या एक कम पड़ रही थी, जो देश के प्रतिष्ठित मन्दिर के पुजारी की थी।

पाठक जी परेशान, "ये पुजारी हमेशा यह क्यों सोचते हैं कि उन्हें लाइन में नहीं खड़ा होना पड़ेगा।"

वे लगातार फोन मिला रहे थे लेकिन नेटवर्क व्यस्त। नये साल पर ऐसा होना पुरानी बात थी। बहरहाल अन्तिम क्षणों में पुजारी जी दौड़ते-भागते पहुँचे।

चेक-इन के बाद हम लोग लाउंज में बैठे। समाचार चैनलों पर यह खबर फ्लैश होने लगी कि बैंकॉक के एक क्लब में लगी आग से गत रात 55 लोग मारे गये हैं। मारे गये लोगों में अधिकतर संख्या विदेशी पर्यटकों की थी।

किसी ने चुटकी ली "हम लोग जहाँ भी जायेंगे, आग ही लगेगी।"

बहरहाल हम लोग बैंकॉक के लिए रवाना हुए। विमान को बंगाल की खाड़ी और बर्मा को पार करने में 2.30 घण्टे का समय लगा और यह थाईलैंड के स्थानीय समय के अनुसार दोपहर बाद 3 बजे बैंकॉक के सुवर्णभूमि अन्तर्राष्ट्रीय हवाई अड्डे पर उतरा। 2.30 घण्टे का सफर और 2.30 घण्टे का भारतीय और थाई मानक समय का अन्तर। उनका समय हमसे आगे। हमने अपना पासपोर्ट निकाला, वीसा का आवेदन फार्म भरा, अपने अहंकार को जेब में रखा और पंक्तिबद्ध खड़े हो गये।

"अहंकार और जेब में...?"

"हाँ बिल्कुल...भारत से बाहर वह हमारे जेब में समा जाता है।"

सामने की दीवार पर तीन तरह की सूची लगी थी। एक, जिन देशों के नागरिकों को थाईलैंड में वीसा की आवश्यकता नहीं है। दूसरे, जिन्हें आगमन पर यह सुविधा उपलब्ध है। और तीसरे, जिन्हें इसके लिए पूर्व आवेदन करना पड़ता है। यदि ऊपर बताए हुए विवरण को ढक दिया जाय तो यह सूची कुछ इस प्रकार दिखती। एक–जिनकी जेब डालर, पौण्ड या यूरो से भरी हो, यथा–पश्चिमी यूरोपीय और अमेरिकन देश। दो–जिनकी जेब में इसकी सम्भावना हो यथा–भारत, चीन और ब्राजील जैसे विकासशील देश। और तीन–जिनके पास इतने कपड़े ही नहीं हों कि वे जेब सिल सकें, यथा अधिकांश अफ्रीकी देशों का समूह।

हम लोग एयरपोर्ट से बाहर आये। ए.पी.एस. टूर्स एण्ड ट्रेवेल्स की बस हमारा इन्तजार कर रही थी। हमारा 'थाई' गाइड चालू हो गया। अपनी कामचलाऊ सामान्य-सी अंग्रेजी में।

वही पुराना राग कि अपना पर्स और पासपोर्ट बचाकर। अकेले नहीं निकलना। यह देश बेहद रंगीन है। उसने आँख दबायी 'लेकिन समझदारी के साथ।'

इस बीच हमारे एक साथी ने उसे टोका, "लेकिन आप तो हमारे साथ रहेंगे न?"

"हाँ! क्यों नहीं...।" उसने कहा, "लेकिन इस यात्रा में वह समय जल्दी ही आ जायेगा जब कोई किसी के साथ नहीं रहेगा। कोई किसी को नहीं ढूँढ़ेगा।" उसकी नजर ग्रुप की तीन युगल जोड़ियों पर गयी। उसने तुरन्त बात बदली, "मुझे क्षमा कीजिएगा, मैं आप लोगों से परिचय नहीं पूछ पाया।"

सभी ने अपने-अपने तमगों के साथ अपनी पहचान करायी। प्रोफेसर, डाक्टर, इंजीनियर, वकील और व्यवसायी के रूप में। दरअसल यह सूची इन व्यवसायों से आगे बढ़ भी नहीं सकती थी।

उसने अपना परिचय दिया "जैकी नाम है मेरा! आप मुस्कुरा सकते हैं कि आप थाईलैंड में हैं। यह देश पर्यटकों की खुशी के सारे भौतिक और प्राकृतिक संसाधन उपलब्ध कराता है। दुनिया के पर्यटन मानचित्र का सबसे अधिक चमकता हुआ सितारा। क्षेत्रफल–5 लाख वर्ग किमी, आबादी–6.20 करोड़, भाषा–मुख्यतया थाई, धर्म–बौद्ध, मुद्रा–बाट और शासन–राजतन्त्र की उँगली पकड़कर चलना सीखता हुआ लोकतंत्र। राजा–भूमिबोल और प्रधानमन्त्री–अभिजीत बेजाजीवा। मैं यहाँ एक बात जरूर कहना चाहूँगा कि इस देश में राजा का बहुत आदर और सम्मान किया जाता है। वह यहाँ के लोगों के लिए ईश्वर का प्रतिनिधि है। इसलिए आप इस यात्रा में राजा की गरिमा को ठेस लगने वाली कोई भी बात न तो कहेंगे और न ही करेंगे। जैसा मैंने पहले बताया कि पर्यटन इस देश की धड़कन है।"

मुझे एक साल पहले का घटनाक्रम याद आ गया। तत्कालीन प्रधानमन्त्री थाक्सिन सेनेवात्रा के ऊपर भ्रष्टाचार के गम्भीर आरोप लग रहे थे। देश भर में चल रहे विरोध प्रदर्शनों को कुचलने के लिए सरकार आमादा थी कि प्रदर्शनकारियों को

उपाय सूझा। उन्होंने बैंकॉक अन्तर्राष्ट्रीय अड्डे को घेर लिया। 6 लाख लोगों से घिरा हवाई अड्डा। सारी उड़ानें ठप्प। देश भी ठप्प। राजा ने सेना से सलाह ली। सरकार घुटनों पर आ गयी। थाक्सिन को देश छोड़कर भागना पड़ा।

मतलब जैकी ठीक ही कहता है कि पर्यटन इस देश की धड़कन है।

हमारी बस एक घण्टे तक बैंकॉक के मलाईदार रास्ते पर चलती रही। गगनचुम्बी इमारतों और कंक्रीट के जंगलों के बीच से गुजरती हुई बस में जैकी हमें थाईलैंड के बारे में बताता रहा।

"यह देश दक्षिण पूर्व एशिया का हृदय है। बर्मा, लाओस, कम्बोडिया और मलेशिया की जमीनी सीमाएँ इसके साथ जुड़ती हैं। दक्षिण में इसे समुद्र थामे रहता है। थाईलैंड इस हिस्से का अकेला सितारा है, जो किसी देश की कालोनी नहीं बना। 'थाई' का मतलब 'स्वतन्त्रता'। और लैंड का मतलब 'भूमि'। अर्थात 'स्वतन्त्रता की भूमि'। हालाँकि 20वीं सदी के आरम्भ में इसका एक बड़ा हिस्सा बर्मा के पास चला गया था। और कुछ समय के लिए यह ब्रिटिश और फ्रेंच साम्राज्यों के बीच बफर स्टेट भी बना रहा। लेकिन हमें इस बात का सदैव गर्व रहता है कि हम किसी के गुलाम नहीं हुए। पर्यटन की दृष्टि से थाईलैंड के पाँच सितारों (शहरों) को याद किया जाता है। बैंकॉक, पटाया, फुकेट, चियांग माई और कोसामुईं। आप सौभाग्यशाली हैं कि इनमें से तीन सितारों से आप रू-ब-रू होंगे।"

चलती हुई बस में सबकी नजरें खिड़की के पार टिकी हुई थीं। बीच-बीच में हम जैकी की तरफ भी अपना चेहरा घुमा लेते, जिसका बोलना अनवरत जारी था।

थाईलैंड, इण्डोनेशिया के बाद दूसरी बड़ी अर्थव्यवस्था वाली क्षेत्रीय ताकत है। और गैर नाटो देशों में अमेरिका का सबसे नजदीकी सहयोगी। चावल के सबसे बड़े निर्यातक देशों में इसका शुमार होता है। यहाँ के खाने में भी इसका प्रयोग अधिकतम होता है। यहाँ की व्यवस्था बहुत कुछ भारत से मिलती-जुलती है। परिवार का बुजुर्गों द्वारा संचालन और यहाँ के पौराणिक ग्रन्थों में भारतीय ग्रन्थों से लिया गया प्रभाव। विवाह, जन्म और मृत्यु के संस्कार बौद्ध धर्म से संचालित हैं।

लगभग एक घण्टे के बाद हमारी बस होटल के पार्किंग एरिया में दाखिल हुई। जैकी ने बस से उतरते हुए एक और निर्देश दिया।

"ठीक आठ बजे यहीं मुलाकात होगी। खाने के लिए रेस्टोरेंट चलना है।"

हमने अपने रूम पार्टनर्स चुने, चेक-इन किया और कमरों में दाखिल हो गये।

ठीक आठ बजे मेरे पार्टनर 'मजूमदार' तैयार हो गये।

"रामजी भाई चलो, यह भारत नहीं है। आठ बजे का मतलब आठ बजे होता है।" उन्होंने कहा।

"लेकिन हमारा ग्रुप तो भारतीयों का ही है न...?" मैंने अपनी देरी का बहाना बनाया।

हम लोग नीचे लॉबी में पहुँचे। तीनों 'युगल जोड़ियों' के अलावा वहाँ पर कोई नहीं था। मजूमदार की ओर देखते हुए मैं मुस्कुराया। "हम लोग कभी नहीं सुधर सकते।" अगले 9 दिनों तक हमारा ग्रुप इस बीमारी से लगातार सड़ता रहा। हमने दिये गये समय की हमेशा धज्जी उड़ायी। भले ही उससे उत्पन्न तमाम कठिनाइयाँ भी झेलीं। जैकी के व्यंग बाण और भारतीयों के लिए उसके मन में उत्पन्न वितृष्णा भी।

हमारा डिनर 'करीपाट' रेस्टोरेंट में था। 'करीपाट'...! ठीक समझा आपने। एक भारतीय मारवाड़ी रेस्टोरेंट। लेकिन उसमें काम करने वाले अधिकतर थाई हिजड़े, जिन्हें थाई भाषा में 'के ट्वाय' भी कहा जाता है। और बर्मीज युवक-युवतियाँ भी, जो अपनी बर्मी सरकार की मदद से अवैध आप्रवासन के जरिए थाईलैंड में दाखिल हो जाते हैं। हथियारों की खरीद, मादक द्रव्यों की तस्करी और 'आंग सान सू ची' की नजरबन्दी के अलावा यह जिम्मेदारी भी आजकल सरकार ही उठा रही है।

"लेकिन थाई सरकार उन्हें क्यों नहीं रोकती?"

"रोकती है या कहें तो रोकने का दिखावा करती है, परन्तु रुकता नहीं। एक तो दोनों देशों के बीच इतनी लम्बी सीमा रेखा और दूसरे इतने सस्ते और बेहतर श्रमिकों का थाईलैंड में अभाव। फिर रंग-रूप से आप पहचान भी नहीं सकते कि कौन थाई है और कौन बर्मीज।"

"और ये हिजड़े" मैंने जैकी से पूछा।

"यह थाई जेनेटिक दोष है। इतनी भारी संख्या में इनका जन्म लेना वास्तव में देश के लिए समस्या है।" उसने बताया।

"और यह भी कि पूरे थाईलैंड में होटलों का कार्य इन्हीं हिजड़ों और बर्मीज अवैध आप्रवासियों के सहारे चलता है।"

उसी रेस्टोरेंट में हमारी मुलाकात हमारे मेजबान और ए.पी.एस. टूर्स एण्ड ट्रेवेल्स के मालिक 'सैम' से हुई। लेकिन 'सैम' तो हिन्दी बोलते हैं और भोजपुरी भी।

हाथ मिलाता हूँ उनसे। "मैं रामजी।"

"अरे रामजी। का हो काल हाल बा, ठीक बा ना...?" वे कहते हैं।

"आपके मित्र अंजनी देर रात तक पहुँचेंगे, उन्होंने बनारस से फ्लाइट पकड़ी है। आप थोड़ी भी चिन्ता मत कीजिएगा।"

'सैम' दरअसल ओंकार नाथ दूबे हैं। आजादी से पहले उनके पिताजी थाईलैंड आये थे। यहाँ काम भी मिल गया लेकिन भारत से रिश्ता कायम रहा। गोरखपुर जिले के रहने वाले। अब बनारस में भी अपना घर है। लेकिन 'सैम' नाम कैसे पड़ा, मैंने बाद में अंजनी से पूछा था।

उसने बताया, "ओंकार हमारे साथ बनारस में पढ़ते थे। हम लोग दोस्त थे। फिर ये बैंकॉक चले आये। अपने पिता के काम में हाथ बँटाने के लिए। वहाँ उनका नाम हुआ सनश्याम प्रसाद दुबे। 1938 के पहले थाईलैंड का एक नाम 'श्याम' भी

था। ऐसे नाम की शायद एक वजह यह भी रही हो। पिताजी के गुजरने के बाद उनका कारोबार पर्यटन का हो गया, जिसमें एक ग्लोबल नाम की आवश्यकता थी। वही नाम बाद में चलकर 'सैम' हो गया।"

"बढ़िया नाम है", मैंने सोचा। "किसी भी राष्ट्रीयता से ऊपर। वह थाई भी हो सकता है, अमेरिकी, अफ्रीकी, यूरोपीय या भारतीय भी।"

खाना बेहद स्वादिष्ट था। हमने भी छककर उसे उड़ाया। और फिर होटल वापसी के लिए बस में बैठे।

जैकी ने कहा, "आपके ग्रुप के कुछ साथियों ने मुझसे बेहद दिलचस्प सवाल पूछे हैं। होटल चलने के बाद इन तीनों जोड़ों को उतार कर मैं इसका जवाब दूँगा।"

हमारी बस होटल के सामने रुकी। उन तीनों जोड़ों को उतारा गया और पूछा गया कि कौन-कौन लोग बैंकॉक की जवानी देखना चाहेंगे। एक-दो लोग और उतरे। उन्हीं के साथ मैं भी उतर गया। बाकी लोग 'जैकी' के साथ बैंकॉक की जवानी देखने चले गये। मुझे थोड़ा बुखार महसूस हो रहा था। सो मैंने आराम करना ही बेहतर समझा। बस से उतरकर होटल के सामने लगी कुर्सियों पर अभी बैठा ही था कि एक ऑटो आकर रुका। उसने कुछ रंगीन पोस्टर दिखाते हुए इशारा किया। मैंने 'ना' में सिर हिलाया।

सोचा–इशारों की भाषा कितनी वैश्विक होती है। भारतीय और थाई का भेद एक झटके में ही मिट जाता है।

अगले दस मिनट में ऐसा दस बार हुआ। मुझे लग गया, यहाँ अकेले बैठना मुश्किल है। अपने कमरे की तरफ वापस लौटा तो देखा कि नीचे के फ्लोर पर चल रहे मसाज पार्लर भी जवान हो उठे हैं। शीशे लगे पार्लर के भीतर बैठी लड़कियाँ आपकी जवानी का इम्तिहान लेने के लिए आतुर हैं। मैंने अपने कदमों को तेज किया। कमरे में दाखिल हुआ, पैरासिटामाल लिया और सो गया।

मेरे पार्टनर रात को दो बजे लौटे। "सॉरी यार रामजी...देर हो गयी।"

"कोई बात नहीं। चलो सो जाओ, सुबह बात होगी।" ...मैंने कहा।

एक रात गुजरी थी, लेकिन सबके पास कोई न कोई किस्सा जरूर था।

मैंने मजूमदार से पूछा, "कहाँ गये थे रात को तुम लोग?"

मजूमदार मुस्कुराया। "मत पूछो यार...वहाँ पर ऐसे-ऐसे शो थे, जिसका नाम भी हमने कभी नहीं सुना। लेकिन सब बेकार था यार...क्योंकि यहाँ की मुद्रा 'बाट' तो किसी के पास थी नहीं। सब लोग बैरंग वापस लौटे हैं।"

"यार बाट तो जरूरी है, देखो ना रात से ही मुझे भी बुखार आ रहा है। कुछ दवा लेनी होगी।" मैंने कहा।

हम दोनों नाश्ते के बाद मुद्रा विनिमय की तलाश में निकल पड़े। पता चला, 'घर में छोरा, गली-गली ढिंढोरा।' ये तो हमारे होटल में भी हो सकता है। और हमारे

ही क्यों, किसी भी होटल में हो सकता है। 100 डालर = 3400 बाट। डालर नहीं है तब भी कोई बात नहीं। 1000 भारतीय रुपये में 680 बाट के आस-पास मिल जायेगा। भारतीय रुपया नहीं तब भी चलेगा। ग्लोबल डेबिट कार्ड होना चाहिए, किसी भी ए.टी.एम. से आप पैसा निकाल सकते हैं। अब यह भी नहीं तो फिर थाईलैंड के लिए ही क्यों, किसी भी देश, समाज या परिवार के लिए आप एक बेसुरे राग से अधिक कुछ नहीं हैं।

——ग्रैण्ड पैलेस (बैंकॉक)——

दूसरे दिन का नियत कार्यक्रम 'मानवाधिकार पर आयोजित सेमिनार' था। दोपहर 12 बजे से। हमें भारत से आये एक और ग्रुप ने ज्वाइन किया। 40 सदस्यों का यह ग्रुप देर रात पहुँचा था। मेरा मित्र अंजनी भी मिला। वह मेरे साथ ही काम करता है, और सैम का जिगरी दोस्त है। मेरे थाईलैंड आने का श्रेय भी उसी को है। उसकी जिद थी कि तुम भी यहाँ पर कुछ बोलो। मेरी तबियत ठीक नहीं थी और ऊपर से मन में संकोच भी था। बड़े-बड़े डाक्टर्स, इंजीनियर्स, वकील, प्रोफेसर्स और मानिन्द लोगों के बीच में मैं क्या बोलूँगा। लेकिन अंजनी तब भी नहीं माना। उसने मेरे नाम की स्लिप संचालक के पास भेज दी। अलग-अलग राज्यों से लोग आ रहे थे और अपनी बात रख रहे थे, रिपोर्टिंग कर रहे थे। कुल जमा उपलब्धि यह कि

सेमिनार बैंकॉक में हो रही है। अगले वर्ष उनका इरादा सिंगापुर में सेमिनार करने का था। और फिर उसके अगले वर्ष न्यूयॉर्क में। और हो भी क्यों न? पूरी दुनिया इसी सपने को देखने में मग्न है। आखिर हम भी तो उसी ग्लोबल दुनिया के ग्लोबल नागरिक हैं। मैनहटन की तरफ ललचाई नजरों से देखने वाले।

सेमिनार में एक-एक कर कई शायरों की खबर ली गयी। अन्त में दुष्यन्त कुमार का नम्बर आया।

"हंगामा खड़ा करते हैं हम? कहीं भी आग जलनी चाहिए।"

सेमिनार हाल तालियों से गूँज उठा। दुष्यन्त कुमार 'साये में धूप' लिए भाग खड़े हुए। मैंने सेमिनार हाल के निकास की तरफ नजर दौड़ाई। उनके पीछे-पीछे मैं भी निकल जाना चाहता था कि इतने में अध्यक्ष जी का नाम पुकारा गया।

'अर्थात मैं बच गया।'

बाद में पता चला कि मेरे नाम की वह स्लिप हवा में कहीं उड़ गयी थी। अब दुष्यन्त कुमार जी जिन्दा होते तो एक उलाहना देता कि "इतना भारी क्यों लिखा है आपने कि कोई भी हवा उसे उड़ा नहीं पाती? अब झेलिए इस दुर्गति को। आप तो सिर्फ हंगामा करने के खिलाफ थे और चाहते थे कि यह सूरत बदल जाये। जबकि यहाँ तो लोग आपकी सूरत ही बदलकर हंगामा मचाए हुए हैं।"

बहरहाल सेमिनार खत्म हुआ। रात के डिनर की सारी व्यवस्था कल जैसी ही थी। हम बस से गये, खाना खाया और वापस लौटे। कल वाले लोग आज भी बस से उतरे और शेष लोगों को लेकर वह बस बैंकॉक की जवानी दिखाने रवाना हो गयी।

वैसे कल और आज में एक अन्तर तो तय ही था कि "आज कोई भी बैरंग वापस नहीं लौटेगा।"

3 जनवरी की सुबह सभी के चेहरे पर रौनक के साथ आयी। गुजरी रात ने उनके किस्सों में फैंटेसी की जगह यथार्थ भर दिया था। फिर आज हमें पटाया के लिए प्रस्थान भी करना था, सो उसका उत्साह अलग ही था। नाश्ते के बाद 'चेक-आउट' हुआ और फिर बैंकॉक शहर का आधा दिन का भ्रमण। हम 'वाल अरुण' (Temple of Dawn) देखने गये। मन्दिर बेहद खूबसूरत था। शानदार नक्काशी वाला। भीतर बुद्ध की 100 फीट लम्बी सोई की प्रतिमा उसे और भी दर्शनीय बना रही थी। उसका प्रवेश टिकट 50 बाट का था।

जैकी ने बताया "यहाँ कोई पार्किंग एरिया नहीं है, आप सभी को लगभग चलती हुई बस से ही उतरना होगा।"

हमारी बस के साथी तो उतरने में कामयाब रहे, लेकिन दूसरी बस के साथी ऐसा नहीं कर पाये। उस बस को लगभग 3 किमी का चक्कर लगाकर आना था। और वह भी रेंगते हुए। हमने टिकट लिया, मन्दिर देखा तब कहीं जाकर वह दूसरा दल पहुँचा। हम भारतीयों की बुद्धि वहाँ भी दौड़ी। मन्दिर प्रवेश के समय हमारा टिकट

कहीं भी चेक नहीं हुआ था। तो साथियों ने उसे दूसरी बस के लोगों को हस्तान्तरित कर दिया। मजे की बात यह हुई कि वे लोग भी उसे सलामत बचा लाये। अब यदि हमें पटाया नहीं जाना होता तो हम उन टिकटों को इतनी बार हस्तान्तरित करते कि मन्दिर प्रशासन एक व्यक्ति को रोजगार देने के लिए बाध्य हो जाता। परन्तु हमें तो पटाया पहुँचना था। और हमारी यह इच्छा इतनी तीव्र थी कि साथियों ने मन्दिर से सटे 'ग्रैण्ड पैलेस' को देखने का विचार भी बहुमत से ठुकरा दिया।

हमने बैंकॉक को अलविदा कहा और 'पटाया' की ओर निकल पड़े। आठ लेन का हाइवे 120 किमी दूर पटाया को एक झपकी लगने से पहले ही नाप देता है। शहर में हमारा प्रवेश जेम्स गैलरी के रास्ते हुआ। सोने, चाँदी और उससे बने आभूषणों का माल 'जेम्स गैलरी'। माल में प्रवेश करते ही एक 'ट्रॉय ट्रेन' मिलती है, जो विभिन्न जगहों पर रुकते हुए समझाती चलती है। इसमें दृश्य-श्रव्य माध्यम से यह बताया जाता है कि ये बेशकीमती धातुएँ कैसे निकाली और तराशी जाती हैं। हालाँकि यह जानकारी मात्र तकनीक तक ही सीमित होती है। यह इन धातुओं की प्राप्ति के पीछे मचे रक्तपात की कहानी नहीं बयाँ करती, जिससे सम्पूर्ण अफ्रीकी महाद्वीप जूझ रहा है। आस्कर विजेता फिल्म 'ब्लड डायमण्ड' में उसकी थोड़ी सी झलक मिलती है। बहरहाल आप उस 'माल' से यह अपेक्षा भी नहीं कर सकते कि वह इस स्याह चेहरे पर रोशनी डाले। उसके द्वारा दी गयी जानकारी का उद्देश्य सिर्फ इतना है कि आपका दिल-दिमाग अपनी जेब को हलका करने के लिए तैयार हो जाये।

—— पटाया ——

वहाँ पर एक से बढ़कर एक आभूषण हैं।

हमने जिसे न कभी देखा, न कभी सुना। हम फौरन बाहर निकल आते हैं। यह कहते हुए कि ये सब मूर्ख बनाने का तरीका है। जबकि सच तो यह था कि मेरी जैसी हलकी जेब वाले की पहुँच में वह 'माल' था ही नहीं। कुछ साथी जरूर

विजयी मुद्रा में निकले। तमाम खूबियों को गिनाते हुए। "यहाँ का सोना बहुत शुद्ध है और भारत से सस्ता भी।"

पटाया पहुँचने के साथ भूख सबको महसूस होने लगी थी। हमने सीधे रेस्टोरेंट चलने का फैसला किया। भारतीय रेस्टोरेंट 'अलीबाबा'। बिल्कुल समुद्र के किनारे। 'बीच' से सटा हुआ। बेहतरीन लोकेशन और स्वादिष्ट खाना। खाने के बाद हम लोग होटल पहुँचे। इधर शाम हो रही थी और उधर पटाया अपनी आँखें खोल रहा था। हजारों सैलानियों के इन्तजार में अपने हाथों को फैलाए हुए कि अब वे अपने होटलों से निकलेंगे और इस शहर को जवान कर देंगे।

जैकी ने ठीक कहा था "यात्रा में एक ऐसा पड़ाव भी आयेगा, जब कोई किसी को नहीं ढूँढ़ेगा। सब अकेले गुम हो जाना चाहेंगे।"

चेक-इन के एक घण्टे बाद हमने पाया कि सारे साथियों के कमरों पर ताला लगा हुआ है। मैं भी अपने पार्टनर मजूमदार के साथ निकल पड़ा। इधर बुखार भी अब उतरने लगा था।

अगले दिन 'जैकी' ने इस पर चुटकी ली थी। "यहाँ सभी का बुखार उतर जाता है।"

———वाकिंग स्ट्रीट (पटाया)———

पटाया की झलक मिलनी शुरू हो गयी थी। आप जिधर भी नजर दौड़ाएँ, बार की शृंखलाएँ ही दिखेंगी। बाहर लगभग अर्धवृत्ताकार एक बड़ी सी मेज। बार की साइज के अनुसार। 20 से लेकर 50 फीट तक लम्बी। सामने बाहर की तरफ कुर्सियाँ। उन कुर्सियों पर बैठा विदेशी सैलानियों का हुजूम। और भीतर मेज के दूसरी ओर उन्हें जाम परोसती हुई लड़कियाँ। जितने पीने वाले, उतनी संख्या पिलाने वाली बार-बालाओं की। एक पर एक।

हम लोग समुद्र के किनारे वाली सड़क पर आ चुके थे। 5 किमी लम्बी यह सड़क धनुष के आकार की है। सड़क के एक किनारे पर होटलों और बारों की शृंखला है। तो दूसरे किनारे पर लगभग 50 फीट का चौड़ा पैदल पथ। कुछ-कुछ मुम्बई की चौपाटी से मिलता-जुलता। लेकिन चौपाटी से अलगाव इस बात का है कि यहाँ इस पैदल पथ के बाद 100 मीटर चौड़ी रेत की पट्टी है। जिसके बाद सागर अपनी लहरों से अठखेलियाँ कर रहा है। चेन्नई के मरीना बीच जैसा। लेकिन वहाँ पर रेत की पट्टी कुछ अधिक ही चौड़ी है। तो क्या पुरी जैसा? नहीं नहीं...वहाँ पर तो पैदल पथ ही नहीं है। और गोवा...? हाँ...लेकिन अपना गोवा पटाया नहीं, वरन फुकेट जैसा लगता है।

तो पटाया केवल पटाया जैसा ही है। अगर आप प्राकृतिक साम्यता देखेंगे तो इसने केवल दूसरों की अच्छाइयों को ही लिया है। हम सड़क पार करते हैं और पाते हैं कि एक समुन्दर इस पैदल पथ पर भी इठलाता हुआ अपने दोनों हाथों को फैलाए इन्तजार कर रहा है। सैकड़ों की संख्या में लड़कियाँ बन-सँवरकर ग्राहकों के इन्तजार में खड़ी हैं। हम आगे बढ़ते जाते हैं। जहाँ यह सड़क शहर में प्रवेश करती है, वहीं से एक दूसरा रास्ता भी फूटता है। 'वाकिंग स्ट्रीट' के नाम से। तो अभी

——वाकिंग स्ट्रीट की झलक——

तक जो हम देखते आ रहे थे, क्या वह 'वाकिंग स्ट्रीट' का पासंग था? हमारा मुँह खुला का खुला रह जाता है और आँखें फटी की फटी। दुनिया के किसी हिस्से में ऐसा भी हो सकता है क्या? लगता है कि कोई लम्बा सपना चल रहा है।

कल सेमिनार में बैंकॉक विश्वविद्यालय के एक प्रोफेसर आये थे। उन्होंने अपना नाम जो भी बताया, हमने 'किम' ही सुना। अंजनी ने सेमिनार के बाद उनसे काफी लम्बी बातचीत की। कुछ सवाल मेरे जेहन में भी थे। लेकिन ये सवाल पटाया देखने से पहले के थे।

"तो क्या इस देश में वेश्यावृत्ति वैध है...?" अंजनी ने पूछा।

"नहीं, लेकिन केवल कानूनी रूप से।" किम का कहना था जबकि जमीनी हकीकत इस कानूनी सच्चाई के उलट है। 1966 में संयुक्त राष्ट्र संघ के दबाव में यहाँ वेश्यावृत्ति पर कानूनी प्रतिबन्ध लगा दिया गया था। यह कानून कमोबेश तब तक चलता रहा, जब तक कि 1996 की आर्थिक मन्दी ने दक्षिण पूर्व एशियाई टाइगर अर्थव्यवस्थाओं को झकझोर नहीं दिया। यही वह समय था जब इसकी समर्थक लॉबी ने उस कानून में अपने सहूलियतों के मुताबिक संशोधन करा दिया। मसाज पार्लर, गो-गो बार्स, कराको बार्स और बाथ हाउसेज यहाँ वैध हो गये। उन्हें इतनी स्वतन्त्रता हासिल हो गयी कि वेश्यावृत्ति पर लगा कानूनी प्रतिबन्ध मजाक बनकर रह गया।

उन्होंने एक उदाहरण दिया कि बाथ हाउसेज में आप जायेंगे तो देखेंगे कि लड़कियाँ शीशे के भीतर बैठी हैं। उनका नम्बर उस शीशे पर अंकित है। आप चुनाव करेंगे और उनका मूल्य अदा करेंगे। अब वे आपको अन्दर बने स्नानघरों में ले जायेंगी। वो विभिन्न तरीके से मसाज करेंगी और आपको नहलाएँगी। यह सब कानूनन वैध है। लेकिन क्या उन 'बाथ हाउसेज' में सिर्फ स्नान ही होता है...? क्या उन मसाज पार्लर में सिर्फ मालिश ही होती है? नहीं...नहीं...बात उससे आगे भी जाती है।

तो अब ऐसे में आप ही तय कीजिए कि इस देश में वेश्यावृत्ति वैध है या अवैध? और फिर थाईलैंड ही क्यों? यह बीमारी तो दक्षिण पूर्व एशिया के अन्य देशों में भी फैल चुकी है।

हम वाकिंग स्ट्रीट पर आ चुके होते हैं। यह एक ऐसी सड़क है, जिस पर वाहनों का चलना प्रतिबन्धित है। मनाली या शिमला के माल रोड जैसा। यहाँ आप केवल पैदल ही चल सकते हैं। लगभग 50 फीट चौड़ी सड़क। दोनों तरफ बार एवं मसाज पार्लर। एक से बढ़कर एक आकर्षण वाले। देखने की बात तो भूल ही जाइये, अधिकतर का नाम भी हमने नहीं सुना। उनके बाहर खड़े 'लेडी ब्वॉय' आपको भीतर चलने का निमन्त्रण दे रहे हैं। शराब और शबाब में डूबी हुई वाकिंग स्ट्रीट।

मजूमदार कहता है, "यहाँ पानी पीना महँगा है, बनिस्बत बीयर पीने से।"

मैं हामी भरता हूँ और मन ही मन अफसोस करता हूँ कि काश...! मैं भी शराब

का शौकीन होता। 'वाकिंग स्ट्रीट' गोरे विदेशी पर्यटकों से अटी-पड़ी है। अधिकतर पुरुष पर्यटक ही हैं। महिला पर्यटकों की संख्या लगभग नगण्य है। एक पत्थर का टुकड़ा उठाकर आप किसी भी दिशा में फेंक दें, वह तीन गोरे पर्यटकों और एक 'लेडी ब्वॉय' के शरीर से टकराकर ही धरती पर गिरेगा। अधिकतर बार्स और शो की फीस यहाँ 50 बाट है। साथ में एक बीयर की केन फ्री। आप बीयर नहीं पीते तो कोल्ड ड्रिंक्स उपलब्ध है। अन्तःवस्त्रों में लड़कियाँ एक खम्भे को पकड़कर मादक मुद्रा में नाचती हैं। पृष्ठभूमि में पाश्चात्य संगीत चलता है। आप यहाँ भी चुनाव कर सकते हैं। अपनी जेब के मुताबिक चुनाव।

'वाकिंग स्ट्रीट' के सारे रंग निराले हैं। कहा जाता है कि शराब और शबाब में किसी एक की उपस्थिति ही कानून व्यवस्था की समस्या का कारण बन जाती है। लेकिन यहाँ तो इन दोनों का मिलन भी व्यवस्था के दायरे में ही रहता है। न तो किसी पर्यटक को शिकायत है कि उसे लूट लिया गया। और न ही किसी बार मालिक को कि पीने के बाद उसे पुलिस को बुलाना पड़ा। यदि ऐसा है भी तो अपवाद स्वरूप ही। मजूमदार कहता है, "खाने का समय खत्म हो जायेगा। 10 बजे के बाद पहुँचे तो अपनी जेब ढीली करनी पड़ेगी।" हम लोग वापस होते हैं।

मैं चुटकी लेता हूँ "क्या अब भी भूख बाकी है?" वो मुस्कुरा देता है।

निर्धारित होटल में डिनर लगा हुआ है। वेटर अब समेटने की तैयारी में है। जैकी परेशान है। कुल 72 लोगों में से अभी तक 15 या 20 लोगों ने ही डिनर किया है।

वह मुझसे पूछता है "साथी लोग भी आ रहे हैं क्या?"

मुझे उसी की कही बात याद आती है। "कुछ समय बाद कोई किसी को नहीं ढूँढ़ेगा?"

डिनर के बाद हम लोग लॉबी में बैठते हैं। मजूमदार मुझे टोकता है, "वो देखो रामजी भाई, बुढ़ऊ को।"

"यार ये तो अपने ही देश का लग रहा है।" मैं छेड़ता हूँ।

एक बूढ़ा व्यक्ति कुर्ता-पायजामा पहने, एक कमसिन लड़की के कन्धे पर हाथ रखे होटल में प्रवेश कर रहा है। हमारी उत्सुकता बढ़ जाती है। हालाँकि वहाँ कुछ गोरे पर्यटक भी बैठे हैं। लेकिन हम भारतीयों के अलावा और किसी के लिए यह कौतूहल का विषय नहीं है। बुढ़ऊ जैसे ही लिफ्ट की ओर बढ़ते हैं, रिसेप्शन से एक लेडी ब्वॉय दौड़ता हुआ आता है। वह उन्हें रोकता है और रिसेप्शन की ओर चलने का इशारा करता है। लड़की भी कुछ बोलती है। अपनी ही भाषा में। हम लोग दूर बैठे इस वार्तालाप का आनन्द उठा रहे हैं कि सहसा लड़की गुस्से में जाने लगती है। हमारे दल के एक सदस्य, जो हरियाणा के रहने वाले हैं और बहुत अच्छी बाँसुरी बजाते हैं, हमसे उठकर देखने का आग्रह करते हैं। पता चलता है कि बुढ़ऊ अपने ही इलाके के रहने वाले हैं।

"लेकिन समस्या क्या है", मजूमदार पूछता है।

लड़की बेहद गुस्से में है। वह टूटी-फूटी अंग्रेजी बोलती है। "यह आदमी मुझे 1000 बाट में ले आया। होटल वाला 500 बाट अलग से माँगता है। यह यहाँ का नियम है। सभी होटल वाले लेते हैं। ये बूढ़ा आदमी कहता है कि इस 500 बाट को हम लोग आधा-आधा बाँट लें। इससे तो मुझे 750 बाट ही मिलेंगे न? मैं वापस जाती हूँ। इसने मेरी रात खराब कर दी।"

मजूमदार दादा को लड़की की बात समझाता है। वे पूरा पैसा देने को तैयार हो जाते हैं। लेकिन कन्या का गुस्सा अभी भी कायम है। बाँसुरी वाले साथी उससे दया की अपील करते हैं। अपील मंजूर हो जाती है। दादा उत्साह के साथ कचहरी में प्रवेश करते हैं। मुकदमा लड़ने की खातिर।

सुबह होती है। लोगों के किस्सों में कई रंग और भर जाते हैं। आज का कार्यक्रम 'कोरल द्वीप' जाने का है। सुबह 10 बजे से। अपना होटल चूँकि समुद्री किनारे से कुछ ही दूरी पर है, तो मन में यह ख़याल आता है कि क्यों न तब तक समुद्री बीच पर टहल आया जाय। मैं अकेले ही निकल पड़ता हूँ। यही कोई सुबह के 8 बजे होते हैं। सड़क एकदम सुनसान पड़ी है। सारी दुकानें बन्द। जैसे कि कर्फ्यू लगा हुआ हो। इक्का-दुक्का विदेशी पर्यटक 'मार्निंग वाक' पर हैं। मन में सवाल उठता है कि आखिर रात वाले सारे लोग कहाँ बिला गये...? यदि कुछ खुला है, तो केवल जनरल स्टोर की चेन '7/11'। पूरे थाईलैंड में प्रभावी रूप से फैली हुई। यहाँ सब कुछ बिकता है। कण्डोम से लेकर शराब तक। चौंकिए मत, ये दोनों नाम मैंने पूरे होशो-हवास में लिए हैं। अगर यही दोनों चीजें यहाँ मुख्यतया बिकती हैं तो मैं दूसरा उदाहरण क्यों और कहाँ से चुनूँ?

मैं उस पैदल पथ पर आता हूँ जहाँ पिछली रात तिल धरने की जगह नहीं थी। मन में ख़याल आता है कि क्या किसी शहर की सुबह भी इतनी भयावह हो सकती है? दिन तो हमारे जीवन जैसा ही होता है। यदि बचपन में चलना सीख लिया तो जवानी में पैर नहीं लड़खड़ाते हैं। और जब तक बुढ़ापा आता है, हमारी अगली पीढ़ी चलना सीख चुकी होती है। लेकिन जिस समाज का बचपन और जवानी, यानी सुबह और दोपहर नींद में बीत जाये, वह बुढ़ापे यानी शाम में जितना भी स्टेयोराइड ले ले, अपने पैरों पर कितनी देर खड़ा रह पायेगा...? और फिर यह भी कि वह अपनी अगली पीढ़ी को कैसी सुबह सौंपेगा...?

मैंने सुबह-ए-बनारस देखी है। सबकी आँखों में एक उम्मीद होती है। पं. जसराज और भीमसेन जोशी अपनी आत्मा की आवाज से इस शहर को जाग्रत कर देते हैं। बिस्मिल्लाह खान की शहनाई और प. हरिप्रसाद चौरसिया की बाँसुरी की धुनों पर यह शहर थिरकने लगता है। व्यवस्था जनित समस्याओं की मार दिन भर झेलने के बावजूद यह शहर 'भोर के सपने' की उम्मीद लिए ही अपनी आँखें बन्द करता है।

फिर ऐसा क्यों हुआ कि इस प्राकृतिक सौन्दर्य से रू-ब-रू होने के बजाये यह पटाया शहर नींद में बेसुध पड़ा है। क्या विकास की शर्तें इतनी क्रूर होती हैं कि वे किसी समाज से उसकी पूरी सुबह ही खरीद लें। जैकी तो गर्व करता है कि हमारा देश कभी गुलाम नहीं हुआ। लेकिन क्या गुलामी सिर्फ बाहरी और भौतिक ही होती है...? हजार सालों का इतिहास इस 'स्वतन्त्रता की भूमि' को गर्व करने का चाहे जितना अवसर देता हो, इसका वर्तमान इसके शर्म के इतिहास की पटकथा लिखने जा रहा है। भविष्य में फिर कोई 'जैकी' अपने इतिहास पर गौरवान्वित नहीं हो सकेगा। यह कैसा सौदा है, जिसमें इस समाज ने सपने बेचकर नींद खरीद ली है, और पानी बेचकर आँखें? मुझसे उस किनारे पर रहा नहीं गया।

लगभग 11.30 बजे हमनें 'कोरल द्वीप' के लिए प्रस्थान किया। छोटे-छोटे ग्रुपों में, स्पीड बोट के सहारे। 5 कि.मी. भीतर जाने पर एक बड़े समुद्री जहाज का प्लेटफॉर्म हमारा इन्तजार कर रहा होता है। यहाँ पर पैराग्लाइडिंग की व्यवस्था है। एक छोटी-सी स्पीड बोट, जो रस्सी से आपको जोड़कर पीछे लगे पैराशूट के सहारे हवा में उड़ा देती है। समुद्र के बीचोबीच आप हवा में टँग जाते हैं। आधा किलोमीटर का वृत्त बनता है और कुछ समय बाद उसी प्लेटफॉर्म पर वापसी हो जाती है। हम सभी उसका लुत्फ उठाते हैं। और फिर उसी स्पीड बोट से आगे बढ़ जाते हैं, जहाँ एक और जहाज हमारा इन्तजार कर रहा होता है। समुद्र के भीतर

——कोरल द्वीप (पटाया)——

का जीवन दिखाने के लिए। ऑक्सीजन मास्क लगाकर हम समुद्र में उतरते हैं। ये मास्क जहाज में लगे सिलिण्डर से जुड़े हुए हैं। दो गाइड हमारे साथ पानी के भीतर मौजूद रहते हैं। लगभग आधे घण्टे का यह समुद्री जीवन कई नये अनुभव देता है। एक दूसरी दुनिया से परिचित कराता है।

दिन अच्छा गुजर रहा होता है। हम कोरल द्वीप पहुँचते हैं। विदेशी सैलानियों के जोड़े यहाँ पहली बार दिखाई पड़ते हैं। नहाने के लिए आदर्श यह द्वीप बेहद खूबसूरत है। अण्डमान के राधानगर बीच जैसा। बालू पैरों में नहीं लगता और समुद्र आपको काफी अन्दर तक आने की इजाजत देता है। पृष्ठभूमि की हरियाली इसकी सुन्दरता में चार-चाँद लगाती है। लेकिन सबसे अधिक विस्मयकारी यहाँ का साफ पानी है। गोवा और केरल के मुकाबले कहीं बेहतर, कहीं साफ। बिल्कुल राधानगर बीच जैसा।

दल के सभी सदस्य आज के दिन का भरपूर लुत्फ उठाते हैं। घण्टों स्नान चलता है। और जब स्नान का ब्रेक होता है, तो छिछले पानी में बैठकर शराब की महफिल सजती है। लगभग 5 बजे हम पटाया वापस लौटते हैं, जहाँ अब जीवन के निशान दिखने लगे हैं। अंजनी कहता है कि आज की शाम हमारे साथ गुजरेगी। वह मुझे शाम को 'अल्काजार' शो दिखाने ले जाता है। थाई संस्कृति और समाज की शानदार झलक देने वाला यह शो पटाया का दूसरा ही चेहरा प्रस्तुत करता है। एक घण्टे तक चलने वाले इस शो के जरिये हम साहित्य, कला और संस्कृति के उस चेहरे से परिचित होते हैं, जिसे 'वाकिंग स्ट्रीट' की भीड़ ने रौंद डाला है। यहाँ का साहित्य हिन्दू ग्रन्थों से काफी प्रभावित रहा है। हाथ जोड़कर झुकते हुए नमस्ते करना यहाँ की गौरवपूर्ण परम्परा है। इसे 'वाई' कहा जाता है।

अल्काजार-शो जितनी देर चलता है, यह दुनिया काफी समृद्ध नजर आती है। शो के बाद मैं, अंजनी और मजूमदार समुद्र के किनारे बने पैदल पथ पर पहुँचते हैं—'अल्काजार' देखने के बाद आज 'वाकिंग स्ट्रीट' पर जाने की इच्छा नहीं होती। पत्थर की बनी बेंच पर हमें जगह मिल जाती है। 'पटाया' अपने शबाब पर है।

मन में वही सवाल बार-बार उठता है कि 'आखिर यह समाज कैसे इस दलदल तक चला आया?'

अंजनी कहता है कि "युद्धों ने दुनिया को कई गहरे जख्म दिये हैं। कुछ तो खड़ी फसलों को नेस्तनाबूद कर देते हैं और कुछ उस समाज या देश की जड़ों में चले जाते हैं, जहाँ से भविष्य की फसलों को उगना होता है। यह जख्म भी उनमें से एक है, जो थाई समाज की जड़ों में पहुँच गया है। और दुखद यह कि उस दौर के शीत युद्ध की प्रतिद्वन्द्विता ने इसे स्थायी बना दिया है।"

मेरी उत्सुकता बढ़ जाती है और मैं द्वितीय विश्वयुद्धोत्तर कालीन परिस्थितियों में चला जाता हूँ, जहाँ महान लोकतन्त्र का महान अगुआ अमेरिका अपने दोनों कन्धों पर दुनिया भर के सैन्य-शासकों और अधिनायकों को उठाए घूम रहा है और

सर्वहारा का रहनुमा 'सोवियत संघ' टैंकों और बुल्डोजरों के सहारे अपने देश पर राज करने वाले आततायियों को अपनी पलकों पर उठाए इतरा रहा है।

मैं पूछता हूँ कि "शीत युद्ध और यह बदलाव?"

उसने थाई इतिहास का अध्ययन किया है। हाँ, शीत युद्ध। थाईलैंड में लोकतन्त्र और सैन्य शासन की आँखमिचौली पुरानी है। पचास के दशक में छोटे से छोटे देश का भी सामरिक महत्त्व हुआ करता था। 1954 में अमेरिका के इशारे पर 'सीटो' (दक्षिण पूर्व एशियाई सन्धि संगठन) का गठन हुआ। थाईलैंड भी इसका सदस्य बना। और इधर 1957 में सेना ने सरकार की बागडोर अपने हाथ में ले ली। महान अमेरिका के लिए यह मुफीद समय था। आखिर पूँजीवादी लोकतन्त्र के लिए तानाशाहों से बेहतर दोस्त और कौन हो सकता है? उसने थाई सरकार की मदद करनी शुरू की। कि तभी वियतनाम युद्ध शुरू हो गया। अमेरिका उसमें फँस गया और युद्ध लम्बा खिंचता चला गया। थाईलैंड खुलकर अमेरिका के साथ खड़ा हुआ। उसने अपने हवाई अड्डों को अमेरिकी सेना के लिए खोल दिया। कहते हैं कि दुनिया की महाशक्ति ने इस वियतनाम युद्ध में गम्भीर घाव झेले। अफसोस...! कि इस बात पर कम ही चर्चा होती है कि शेर और मेमने के उस युद्ध में, जब शेर ने इतने घाव खाये, तब मेमने की क्या स्थिति बनी होगी...?

खैर यह तो इतिहास तय करेगा लेकिन हम यहाँ यह जानने की कोशिश कर रहे थे कि शेर को अपने घर में जगह देने वालों ने कितने जख्म खाए? जब अमेरिकी सेनाएँ थाईलैंड में उतरीं और युद्ध लम्बा खिंचने लगा तो उन अमेरिकी सैनिकों के मनोरंजन के लिए वेश्याओं की व्यवस्था की गयी। इतिहास में ऐसा नुस्खा पहले भी आजमाया जा चुका था। अमेरिकी सरकार ने थाईलैंड को सहयोग के बदले में भारी वित्तीय मदद प्रदान की। थाईलैंड का कायाकल्प होने लगा। शहरीकरण तेजी से शुरू हुआ। फैशन, समाज, विचार, संस्कृति और जीवन-शैली में आये इस बदलाव ने भूचाल खड़ा कर दिया। थाई समाज की आँखें अमेरिकी डालर की चमक के आगे चौंधियाँ गयीं। उसने आँख मूँदकर पश्चिम को गले लगाना चाहा, जिसके लिए उसका समाज तैयार नहीं था। वह परजीवी होता चला गया। आसान रास्तों से पैसा कमाना उसकी आदत बन गयी। पश्चिमी चकाचौंध वाली जीवन-शैली उसे ऐसा करने के लिए प्रेरित करती रही। वियतनाम युद्ध की समाप्ति पर अमेरिकी तो चले गये लेकिन यह देश अन्तर्राष्ट्रीय चकलाघर बनकर रह गया...।

"परन्तु थाई समाज ने इसे क्यों और कैसे मान्यता दी...?" मैंने पूछा।

उसने कहा कि जिस थाई समाज की तुम बात करते हो, वह कभी भी प्रतिरोध वाला समाज नहीं रहा। उसने सदा आसान रास्ते ही चुने, जो उसे इस मोड़ तक लेकर चले आये हैं। आज अनुमानतः 30 से 40 लाख लोग इस व्यवसाय में लिप्त है। समाज में इसकी स्वीकार्यता का आलम यह है कि वेश्यावृत्ति के दौरान या बाद

में इन लड़कियों का विवाह भी आसानी से हो जाता है। इसे पार्ट-टाइम धन्धे के रूप में अपनाने का चलन भी तेजी से बढ़ा है। यही थाई समाज 1966 के उस सख्त कानून को 1996 में मन्दी का दबाव बनाकर संशोधित करा देता है और वेश्यावृत्ति अधिक आसान बन जाती है। अब तो बहस इस बात की चल रही है कि इसे कानूनी अमलीजामा पहना दिया जाये। आँकड़े बताते हैं कि इस देश के सकल घरेलू उत्पाद में वेश्यावृत्ति का 4 से 5 प्रतिशत तक का योगदान है।

हालाँकि यह समाज इस विकास की भारी कीमत चुका रहा है। एच.आई.वी. प्रभावित लोगों का अनुपात सम्पूर्ण दक्षिण पूर्व एशिया में यहाँ सबसे अधिक है। एक पूरी पीढ़ी अपनी मौत का इन्तजार कर रही है। अफसोस कि वह अपने कन्धों पर लादे गये बोझ को उतारने के लिए तैयार नहीं है। हालाँकि यह इसके बोझ के नीचे बौनी होती चली जा रही है।

रात के 12 बज रहे हैं। पटाया अभी भी अपने पैरों पर थिरक रहा है। गोकि हमारे पैर अब जवाब दे रहे हैं। आज का डिनर हमने भी छोड़ दिया है। हम होटल की ओर लौटते हैं, तो देखते हैं कि मुख्य सड़क से होटल की ओर मुड़ने वाली चौड़ी गली के मुहाने पर हमारे ही दल के 25-30 साथी बैठे हैं।

अंजनी कहता है कि "45 लोगों को कल सुबह बैंकॉक से कोलकाता के लिए उड़ान पकड़नी है। मुझे भी इन लोगों को एयरपोर्ट तक छोड़ने के लिए जाना है।"

बैठे हुए सभी साथियों के चेहरे पर अजीब सी खामोशी दिखाई देती है। थाईलैंड का यह सफर इन 45 लोगों के लिए कैसा था, नहीं बता सकता। लेकिन उन्हें देखकर ऐसा महसूस होता है, कि यदि सम्भव होता तो लगभग सारे लोग समय से कुछ और मोहलत जरूर माँग लेते। वे सभी उस मोड़ पर बैठकर इस शहर को जी भर कर निहार लेना चाहते हैं। पता नहीं, यह जीवन दूसरा अवसर देगा या नहीं।

कि तभी मजूमदार याद दिलाता है..."लेकिन हम क्यों उदास हो रहे हैं...? हमें तो अभी 4 दिन और रहना है।"

वाकई 4 और दिन...। हम अपने कमरे में दाखिल होते हैं और इन चार दिनों के नाम की चादर तानकर सो जाते हैं।

सुबह होती है। कार्यक्रम के अनुसार आज हमें दोपहर 12 बजे पटाया से फुकेट के लिए प्रस्थान करना है। नाश्ते के बाद हम समुद्र के किनारे पहुँचते हैं। यह देखने के लिए कि कहीं ऐसा तो नहीं कि जो नजारा हमने कल सुबह देखा था, वो सिर्फ कल की ही बात थी। अफसोस...कि आज का नजारा भी बिल्कुल कल ही जैसा है। पूरा शहर नींद में है। यहाँ जीवन के लक्षण इक्का-दुक्का ही दिखाई देते हैं। अब आसमान टूटे या धरती फट जाये, इस शहर की नींद टूटना मुश्किल है। आखिर इसने अभी तो पहली करवट भी नहीं बदली है। घण्टे भर उस रेत पर बैठने के बाद मैं वापस लौट आता हूँ।

प्रस्थान के लिए दिया गया 12 बजे दिन का समय एक घण्टे पहले ही गुजर चुका होता है। एक साथी के अभी भी आने का इन्तजार है।

"कहीं ऐसा तो नहीं कि वह भी सुबह वाले दल के साथ ही चला गया?" एक साथी अपना दिमाग दौड़ाते हैं।

"पागल हो, उसका टिकट 4 दिन बाद का है, आज कैसे चला जायेगा।" अंजनी झुँझला उठता है।

3 बजे तक इन्तजार करने के बाद अन्ततः हम पटाया को अलविदा कहते हुए फुकेट के लिए निकल पड़ते हैं।

——फुकेट का किनारा——

पटाया से फुकेट जाने वाला रास्ता बैंकॉक होकर गुजरता है। यह लगभग 800 किलोमीटर लम्बा है। राजधानी बैंकॉक एक तरह से देश के मध्य भाग में स्थित है। इसके उत्तर का हिस्सा कृषि के लिए बेहद उपजाऊ है। और दक्षिणी हिस्सा एक पतली पट्टी के रूप में मलेशिया तक जाता है। इस पट्टी के दोनों तरफ समुद्र चलता है, जिसने इस हिस्से को पर्यटन के लिए आदर्श बना दिया है। इसी पट्टी पर काफी नीचे फुकेट बसा हुआ है। हालाँकि उत्तर में स्थित चियाँग-माई भी पर्यटन मानचित्र का सितारा है। लेकिन फुकेट की बात ही कुछ और है। पूरे दक्षिण पूर्व एशिया में इण्डोनेशिया का सिर्फ बाली द्वीप ही इसका मुकाबला कर सकता है। हमारी बस हवा से बात करने लगती है। छोटी-छोटी हरी-भरी पहाड़ियों के बीच में आने वाले थाई गाँव एक अलग ही आनन्द दे रहे हैं।

"अच्छा हुआ हम बस से आये, अन्यथा ये सारे नजारे कहाँ से मिलते?" मैं अपनी बगल की सीट पर बैठे हुए एक साथी से कहता हूँ।

"क्या खाक अच्छा हुआ...? एक रात तो बस में ही खराब हो गयी।" वह जबाब देता है।

सुबह लगभग 10 बजे हम लोग फुकेट पहुँचते हैं। सबके चेहरे पर रात की यात्रा के बाद की थकान साफ दिखाई देती है। सभी लोग नहाने और खाने के बाद एक भरपूर नींद लेते हैं। हमारा आज का कार्यक्रम पहाड़ी से सनसेट देखने का है। बस आती है और हम चल देते हैं। फुकेट बहुत कुछ गोवा से मिलता-जुलता है। उसके जुड़वें भाई जैसा। छोटी-छोटी हरी-भरी पहाड़ियाँ, बीच में समतल जमीन, खूबसूरत समुद्री किनारा, इन्हीं किनारों के इर्द-गिर्द बसा हुआ शहर, विदेशी सैलानियों का हुजूम और एक खास मस्ती भरा खुलापन, सबकुछ इसकी तस्दीक करता है। फर्क बस इतना है कि फुकेट वाले भाई की परवरिश थोड़े अच्छे ढंग से हुई है। इसे नहला-धुलाकर, करीने से कंघी करके, साफ-सुथरा कपड़ा पहनाया गया है। जबकि गोवा वाला भाई मैले-कुचैले कपड़ों में, नाक से नेटा बहाता हुआ धूल में खेल रहा है।

हमारा होटल पटाँग बीच पर है। यह फुकेट का सबसे खूबसूरत समुद्री बीच है। इसकी तुलना गोवा के तीनों खूबसूरत बीचों—कालिंगुट, कोलाबा और पालवोलिम से एक साथ की जा सकती है। मसलन पालवोलिम जैसी हरियाली, और कालिंगुट, कोलाबा जैसी रेत, सड़कें और जन सुविधाएँ। सामने समुद्र में छोटे-छोटे पहाड़ उग आये हैं। लगता है प्रकृति ने आसमान से इन्हें बीज के रूप में समुद्र में बो दिया है और अब ये बीज अंकुरित होने लगे हैं। इसकी हरियाली का मुकाबला भारत में सिर्फ केरल और पूर्वोत्तर भारत ही कर सकता है। कहते हैं दिसम्बर 2004 की सुनामी ने इस शहर को रौंद डाला था। लेकिन चार साल बाद इसके निशान इक्का-दुक्का ही दिखाई देते हैं। प्रकृति की उस मार से यह शहर उबर गया है। न चाहते हुए भी मन में तमिलनाडु के सुनामी प्रभावित शहरों का खाका घूम जाता है। तो क्या 'नागपट्टनम' और 'कुडलूर' के ऊपर लगे घावों को भी फुकेट जैसा ही नहीं भरा जा सकता था?

हमारी बस पहाड़ी की चोटी पर पहुँचती है। और प्रकृति की इस मेहरबानी को देखकर सबकी आँखें खुली की खुली रह जाती हैं। अविश्वसनीय, स्वर्ग जैसा, बहुत सुन्दर, बेहतरीन जैसे विशेषणों की झड़ी लग जाती है।

कोई कहता है, "पहाड़ी से डूबते सूरज को तो हमने माउंट आबू में भी देखा है, लेकिन वहाँ वह मैदान में जाता है, यहाँ की तरह समुद्र में नहीं।"

"कन्याकुमारी में समुद्र तो है, लेकिन ऐसी पहाड़ी नहीं।"

हमारा गाइड जैकी कहता है कि "इतने बड़े समुद्री तट वाले इस देश में ऐसा सनसेट कहीं नहीं दिखाई देता।"

एक तरफ प्रकृति की नेमत और दूसरी ओर सरकार द्वारा उसे सजाया और सँवारा जाना। पहाड़ी की चोटी को यथासम्भव समतल कर दिया गया है, जिस पर हजारों लोग एक साथ खड़े हो सकें, बैठ सकें। उसी चोटी से फुकेट शहर का नजारा भी लिया जा सकता है। यह जगह इतनी सुन्दर लगती है कि सब लोग इसे कल दोबारा

देखने की इच्छा व्यक्त करते हैं। ध्यान रहे कि हमारा दल उन्हीं लोगों का होता है, जिन्होंने पटाया पहुँचने की बेताबी में बैंकॉक के 'ग्रैण्ड-पैलेस' को ठुकरा दिया था।

फुकेट में हमारा रात का खाना पंजाबी होटल में है। वे हमें मक्के की रोटी खिलाते हैं। बिल्कुल पटियाला और अमृतसर जैसी। अलबत्ता सरसों का साग नहीं मिल पाया। कल दोपहर में पटाया छोड़ने के बाद से ही हमारा दल एक साथ है। लेकिन अब फेविकोल का कोई भी जोड़ उसे बिखरने से नहीं बचा सकता। मैं मजूमदार के साथ पटाँग बीच के 'वाकिंग स्ट्रीट' पर जाता हूँ। यहाँ फुकेट में हर एक बीच के अलग-अलग 'वाकिंग स्ट्रीट' हैं। बहुत ही छोटे-छोटे। इन्हें पटाया के बच्चे कहना भी अतिरंजनापूर्ण ही माना जायेगा। यहाँ विदेशी जोड़े खूब दिखते हैं। बार्स और शोज की उपस्थिति भी नियन्त्रित है। लगता है, जैसे हर चीज करीने से सजाई गयी है। चाहे वह प्रकृति की सजावट हो या मनुष्य की। यह शहर बेहद नियन्त्रित और व्यवस्थित दिखता है। लेकिन इस तथ्य की यहाँ भी अनदेखी नहीं की जा सकती कि आप थाईलैंड में हैं।

फुकेट में सुबह का नजारा पटाया से बिकुल अलग दिखाई देता है। दुकानें खुलनी शुरू हो गयी हैं और विदेशी सैलानियों के जोड़ों ने समुद्री तट पर छतरी के नीचे अपना बसेरा जमा लिया है। हमारा आज का कार्यक्रम समुद्री जहाज से 'फी-फी द्वीप' पर जाने का है। 'सैम' भी आज हमारे साथ हैं। 'जैकी' की कई बार की चेतावनी के बावजूद हमने 9 बजे सुबह का दिया हुआ समय पार कर लिया है। जहाज छूटते-छूटते बची है। उस जहाज पर पहले से बैठे और हमारे दल के आने का इन्तजार कर रहे गोरे सैलानियों ने खूब फब्तियाँ कसी होंगी। सैम की निराशा साफ झलक रही है। बावजूद इसके वे बेहद मृदुभाषी हैं। नपा-तुला बोलने वाले, रिश्तों को उनकी गहराई में डूबकर निभाने वाले और अपने व्यवसाय से ऊपर उठकर मदद करने वाले।

जहाज अभी 10 मिनट ही चला होगा कि गोरों ने अपने शरीर पर पहने पहले से ही कम कपड़ों को और कम कर दिया।

अंजनी ने कहा, "अब इससे कम नहीं किया जा सकता।"

यात्रा के दौरान लगता है कि आसमान से समुद्र में छींटे गये पहाड़ के बीजों का अंकुरण बहुत अधिक हुआ है। हो सकता है प्रकृति ने ही अधिक बीज डाले हों। या यह भी कि यहाँ का समुद्र ही उपजाऊ हो, जिसने सारे बीजों को अंकुरित कर दिया हो। उनके बगल से गुजरता हुआ हमारा जहाज, हमें एक अविस्मरणीय सफर का साक्षी बना रहा है। 1.30 घण्टे बाद हम 'फी-फी द्वीप' पर पहुँचते हैं। यह 3 किमी में फैला हुआ द्वीप है। यहाँ इस सफर में दूसरी बार हमको 'सी फूड' का सामना करना पड़ता है। पहली बार कोरल द्वीप पर और दूसरी बार यहाँ। यह 'सी-फूड' एक ओर शाकाहारियों की शामत बनकर आता है, वहीं दूसरी ओर

मांसाहारियों के लिए भी किसी चुनौती से कम नहीं। यहाँ का प्रसिद्ध खाना सूकी है। बीस से अधिक चीजों से मिलकर बना हुआ, जिसे एक बड़े कटोरे में परोसा जाता है। आपने जिन समुद्री जीवों के नाम तक नहीं सुने, उन्हें खाना किसी दुःस्वप्न से कम नहीं। और उस पर यह हलाहल पानी। एक दो लोगों को छोड़कर किसी ने भी उस 'सच का सामना' नहीं किया।

किसी ने कहा, "यहाँ जूस पी लेते हैं और जहाज पर नेत्रपान कर लेंगे।"

फुकेट से फी-फी द्वीप का रास्ता

शाम 4 बजे हम फुकेट वापस लौट आये। एक घण्टे का आराम और फिर 'सनसेट' के उस मोहक दृश्य को दुहराना। आज घूमने के हिसाब से फुकेट में हमारा अन्तिम दिन है, जो फुकेट फैंटेसी को देखने के साथ सम्पन्न होता है। जैसा कि नाम से ही स्पष्ट है, यह वाकई फैंटेसी है। थाईलैंड की संस्कृति का सबसे बड़ा और महत्त्वपूर्ण शो। लगभग 4000 लोगों की क्षमता वाले थियेटर में थाई इतिहास एवं संस्कृति को दर्शाया जाता है। 'लाइट और साउण्ड' का अद्‌भुत प्रयोग। कुछ-कुछ बैले से मिलता हुआ। अल्काजार शो का विस्तृत एवं सम्पूर्ण रूप। थियेटर कभी खाली नहीं रहता। प्रतिदिन एक शो। रात के 8 बजे से। टिकट का मूल्य उतना ही, जितना कि आप पटाया की एक शाम पर खर्च करते हैं। शो के बाद पहली बार हम थाई खाना खाते हैं। वैसे तो यह स्वादिष्ट है परन्तु पानी का प्रयोग कुछ अधिक ही होता है।

फुकेट से बैंकॉक की वापसी का सफर चिन्तन और मनन का सफर है। अपने शरीर को बस की सीटों पर छोड़कर मन और आत्मा के साथ सभी लोग थाई प्रवास की स्मृतियों में निकल पड़ते हैं। स्मृतियाँ, जिन्हें फुकेट ने सतरंगी बना दिया है।

सबकी राय है कि "यदि फुकेट नहीं देखा होता तो इस थाईलैंड के प्रवास में

हम सिर्फ शामों को ही याद रख पाते।"

लेकिन यह हमारी राय है, जिसे वह साथी पूरी तरह से खारिज कर देता है, जो हमसे पटाया में छूट गया था। जब हम सुवर्णभूमि एयरपोर्ट बैंकॉक पहुँचते हैं, तो वह वहाँ मौजूद रहता है। सब लोग राहत की साँस लेते हैं।

'सैम' को फोन करने पर वे सामान्य प्रतिक्रिया देते हैं। "यहाँ ऐसा होना सामान्य बात है।"

"लेकिन वो था कहाँ?" सभी जानने को उत्सुक हैं।

"मैं पटाया में ही रुक गया था। दो दिन में पटाया को क्या खाक देखा जा सकता है...? फुकेट-फाकेट के सारे रंग इसके सामने बेकार हैं।"

उसके पास ढेर सारे किस्से हैं और हमारे पास उन सबको जानने की उत्सुकता। हममें से अधिकतर लोग अपने भाग्य को कोसते हैं। "काश...! हम भी उसी की तरह पटाया में भूल गये होते।"

सुवर्णभूमि अन्तर्राष्ट्रीय हवाई अड्डे पर एक दृश्य सामान्यतया देखा जा सकता है। गोरे पर्यटकों को विदा करने के लिए थाई लड़कियाँ अवश्य आती हैं। बेहद

स्वर्णभूमि हवाई अड्डा (बैंकॉक)

कारुणिक दृश्य तब उत्पन्न होता है, जब उनकी उड़ान की 'काल' होती है। लड़कियाँ उन गोरों से लिपटकर खूब रोती हैं। जाने वाले गोरे पुरुष उन्हें हर तरह से सान्त्वना देते हैं। लेकिन उनका रोना तब तक नहीं रुकता, जब तक कि वह गोरा आँखों से ओझल ना हो जाये। हमें लगता है यह बिछुड़ने की तड़प है। लेकिन 'जैकी' इसमें 'डालर' की गन्ध सूँघता है।

वह कहता है कि "ये लड़कियाँ महीने में यहाँ दो बार रोती हैं। अब यदि साल में 24 बार बहाये गये आँसुओं से एक गोरे का दिल भी पिघल जाये, तो देह व्यापार की इस नौकरी की पेंशन बन जाती है, जिसे वह गोरा चुकाता है।"

तो यह बंशी है, जिसके ऊपर चारा लगाकर मछली को नाथने की तैयारी की गयी है।

हमारी उड़ान का समय हो गया है। पूरा एयरपोर्ट शराब की एक बड़ी दुकान जैसा लगता है। जैसे कि मनुष्य होने के नाते ईश्वर ने हमें दो हाथ, दो पैर, दो आँख और दो कान दिये हैं। उसी तरह थाईलैंड ने भी हमें दो बोतल शराब ले जाने की छूट दी है। मजे की बात यह है कि सबने इसे ईश्वर की दी हुई नियामत ही समझी है। अपने नहीं पीना तो मित्रों, रिश्तेदारों के लिए ही सही। वह भी नहीं, तो अपने साथी द्वारा खरीदे गये दो अतिरिक्त बोतलों को भारत तक ढोने के लिए ही सही। क्या बात है? ऐसा भाईचारा तो बिरले ही देखने को मिलता है।

हम अपने विमान के माध्यम से थाई जमीन को अन्तिम बार चूमते हैं। अलविदा थाईलैंड। यदि जीवन ने अवसर दिया तो फिर मिलेंगे।

यात्रा—2009

□□